ÉTUDES LÉGISLATIVES.

CONSIDÉRATIONS

SUR

1° LE FAUX TÉMOIGNAGE

2° LE FAUX SERMENT EN MATIÈRE CIVILE,

SUIVIES

D'UN PROJET DE LOI

destiné à les prévenir,

PAR

M. E. DANIEL,

Juge au tribunal de première instance de Philippeville (Algérie).

BEAUVAIS,

IMPRIMERIE D'ACH. DESJARDINS, RUE SAINT-JEAN.

—

1861.

ÉTUDES LÉGISLATIVES.

CONSIDÉRATIONS

SUR

1° LE FAUX TÉMOIGNAGE

2° LE FAUX SERMENT EN MATIÈRE CIVILE,

SUIVIES

d'un Projet de Loi destiné à les prévenir,

PAR

M. E. DANIEL,

Juge au tribunal de première instance de Philippeville (Algérie).

———◆●◆———

BEAUVAIS,

IMPRIMERIE D'ACH. DESJARDINS, RUE SAINT-JEAN.

——

1861.

PREMIÈRE PARTIE.

―――――――⌒◦◦◦⌒―――――――

§. I.

INTRODUCTION.

La réformation de nos lois, opérée par la volonté résolue du Premier-Consul, date seulement de cinquante ans, et déjà, sans rompre la savante économie de nos Codes, de nombreuses lois sont venues apporter des améliorations dans l'œuvre primitive. — Par ses tendances, par ses premiers travaux, le Gouvernement actuel se montre plus décidé qu'aucun de ceux qui l'ont précédé à porter la main sur le monument législatif érigé par Napoléon Ier, pour y corriger ce que l'expérience y a fait découvrir de défectueux. En s'appliquant ainsi à rendre plus parfaite cette institution impériale, l'Empereur Napoléon III fait véritablement acte d'héritier intelligent.

Il est peut-être dangereux de toucher fréquemment à une législation; les changements qu'on y introduit lui font quelquefois perdre en autorité ce qu'elle gagne en perfection, car la loi d'aujourd'hui est la censure de la loi d'hier, qu'elle accuse d'imperfection. Les hommes, d'ailleurs, aiment, dit-on, naturellement les lois anciennes, parce que, suivant Pascal, *elles leur ôtent la racine de diversité*. En d'autres termes, les législations ne tirent pas seulement leur autorité morale de leur conformité avec le juste; elles la tirent aussi de leur ancienneté, et, semblables aux vieux chefs, le respect qu'elles inspirent s'accroît avec le nombre des générations qu'elles ont gouvernées.

C'était, du reste, en cette matière, le sentiment des Romains. On sait jusqu'à quel point ils portèrent le respect pour la loi des Douze Tables, qu'ils considéraient comme un texte sacré. Cette loi des premiers temps de la République, destinée à régir un peuple alors à demi-barbare, fut conservée par le peuple romain au titre religieux, quoique par ses prescriptions elle eût cessé d'être en rapport avec la civilisation et les mœurs de la nouvelle Rome. On sait les tempéraments, nous dirons les subtilités des casuistes au moyen desquels les préteurs, pour faire sa place à l'équité, s'efforçaient de biaiser, d'éluder la régidité de la loi édictée par les décemvirs. On sait que l'antagonisme entre le droit honoraire et celui résultant de la loi des Douze-Tables a duré des siècles, et qu'au moment où cette dernière n'était plus dans l'application qu'une lettre à demi-morte, elle était encore une loi respectée.

Nous avons de nos jours, sur le respect qui est dû à la loi civile, des idées beaucoup plus saines; aussi, quelle que soit l'autorité d'un peuple qui, comme le peuple romain, possédait le sens politique si développé, nous n'hésitons pas à dire, que c'est mal comprendre le respect qui est dû à une œuvre législative, que d'y laisser volontairement subsister les injustices qui la font inique ou les imperfections qui la déconsidèrent; que l'estime pour la loi, qui porte un peuple à l'améliorer sans cesse, pour la rendre plus parfaite, et par conséquent plus respectable, vaut mieux que cette vénération romaine qui consistait à conserver perpétuellement une loi dans la spéculation et à lui désobéir tous les jours dans la pratique.

Cela est simple; il ne faut pas, en effet, faire en législation ce qu'on fait dans les arts, et traiter les lois comme des tableaux ou des statues. On comprend que l'heureux possesseur de l'œuvre d'un grand maître, veuille la conserver telle qu'elle est sortie des mains de l'homme de génie; qu'il refuse de consentir à y voir corriger les défauts que tous avec lui-même s'accordent à y reconnaître; cela s'explique et cela est de peu de conséquence d'ailleurs dans la fantaisie. Mais une législation n'est pas une affaire de fantaisie, une œuvre d'art proposée à l'admiration ou à la critique de quelques amateurs. C'est une règle générale qui s'impose à tous, qui emporte obéissance, une règle qui frappe, qui blesse, qui doit être juste et dont il faut corriger les vices aussitôt qu'ils sont constatés.

Et malgré cet adage contemporain, dont on a fait tant d'usage, avec plus de pusillanimité que de prudence : « Qu'à côté de l'avantage d'innover, il y a le danger de détruire, » disons :

Une loi ne doit pas être conservée parce qu'elle est ancienne, mais parce qu'elle est juste!

Une loi mauvaise, si elle est ancienne, n'est tout simplement qu'une vieille iniquité qui a déjà trop duré et qu'il faut détruire au plus tôt, sans regarder derrière soi.

C'est, nous l'avons dit, en vertu des principes qui précèdent que le Gouvernement de l'Empereur s'applique incessamment à perfectionner la législation.

Ces tendances, ces précédents, nous encouragent à venir à notre tour proposer des dispositions nouvelles, dont l'effet serait de combler une lacune qui existe dans nos codes; cette lacune ne nous avait pas échappé lors de nos premières études sur le droit, mais c'est surtout plus tard, et dans l'exercice de nos fonctions de magistrat, qu'elle nous a paru plus grande et que nous avons senti davantage l'utilité du projet de loi que nous venons développer aujourd'hui.

Nous ne nous dissimulons, ni la gravité de notre entreprise ni ses résultats; nous savons qu'à supposer que nous fournissions de la manière la plus irréfragable la preuve de l'utilité d'une réforme dans un coin de nos codes, nous ne devons pas espérer la voir de sitôt sanctionnée par le pouvoir législatif. Nous savons le sort d'une idée devant le temps, que la plus juste a un moment le sort de la plus contestable, qu'elle ne pénètre l'esprit public que par une longue infiltration, que pour ces fruits de l'esprit humain, comme pour ceux de la terre, il faut savoir attendre le jour de la maturité.

Toutefois, les motifs qui servent de base à la modification que nous proposons sont si simples, l'insinuation de notre projet dans la législation si facilement réalisable sans toucher à l'économie générale de la loi, que, disons-le malgré ce qui précède, nous avons le secret espoir que notre proposition n'aura pas à subir les lenteurs dilatoires pendant lesquelles le sens public éprouve une vérité. Sans préliminaires, avant tout exposé, pour servir de guide dans les développements qui suivront, pour procurer au lecteur cette vue d'ensemble, cette première synthèse qui précède et facilite l'analyse, plaçons ici les six articles dont se compose notre projet :

ART. 1er.

Tout huissier qui délivrera une citation à témoin, en quelque matière que ce soit, devra donner, en tête de l'exploit, copie à la personne citée des articles 361, 362, 363, 364 et 365 du Code pénal (1) : l'original de la citation devra contenir la mention de cette signification, sous peine d'une amende de 25 à 500 fr.

(1) *Peines contre le faux témoin.*

Art. 361. — Quiconque sera coupable de faux témoignage en matière criminelle, soit contre l'accusé, soit en sa faveur, sera puni de la peine des travaux forcés à temps. — Si néanmoins l'accusé a été condamné à une peine plus forte que celle des travaux forcés à temps, le faux témoin qui a déposé contre lui subira la même peine.

Art. 362. — Quiconque sera coupable de faux témoignage en matière correctionnelle, soit contre le prévenu, soit en sa faveur, sera puni de la réclusion. — Quiconque sera coupable de faux témoignage en matière de police, soit contre le prévenu, soit en sa faveur, sera puni de la dégradation civique et de la peine de l'emprisonnement, pour un an au moins et cinq ans au plus.

Art. 363. — Le coupable de faux témoignage en matière civile sera puni de la peine de la réclusion.

Art. 364. — Le faux témoin en matière correctionnelle ou civile qui aura reçu de l'argent, une récompense quelconque ou des promesses sera puni des travaux forcés à temps. — Le faux témoin en matière de police qui aura reçu de l'argent, une récompense quelconque ou des promesses sera puni de la réclusion. — Dans tous les cas, ce que le faux témoin aura reçu sera confisqué.

Art. 365. Le coupable de subornation de témoin sera passible des mêmes peines que le faux témoin, selon les distinctions contenues dans les articles 361, 362, 363 et 364. —

Art. 2.

En toute matière et dans toute enquête, le magistrat, après l'appel du nom des témoins fait par l'huissier, devra leur donner lecture de l'instruction suivante : — « Témoins, soyez attentifs à ce que vous allez entendre : « La justice a recours à vous pour s'éclairer. La solu-- « tion de la cause dans laquelle vous allez être enten- « tendus dépendra peut-être de la seule déposition de « l'un d'entre vous. — Réfléchissez bien à la responsa- « bilité qui pèserait sur vous, si ayant trompé volon- « tairement le juge, vous faisiez par sa bouche condam- « ner l'innocent, absoudre le coupable. Appelé comme « témoin dans cette enceinte, vous y devenez le coopé- « rateur du magistrat; montrez-vous digne d'être asso- « cié à son œuvre de justice et déposez avec la sincé- « rité, l'impartialité d'un homme d'honneur (1). »

Art. 3.

Avant de faire sa déposition, chaque témoin prêtera séparément serment de dire la vérité, suivant la formule suivante qu'il devra prononcer lui-même, la main droite levée : « Devant Dieu qui me voit, qui m'entend et qui « me punira si je trahis mon serment, je jure de dire « la vérité toute entière. »

Art. 4.

La disposition des art. 361 à 366 du Code pénal, l'avertissement donné aux témoins suivant l'art. 2, la

---

(1) Nous faisons bon marché de cette rédaction; nous n'attachons do prix qu'au principe de cet article.

formule de serment, seront affichés en caractères gros
et lisibles dans les chambres des témoins.

Art. 5.

Avant de recevoir un serment décisoire ou d'office, le
juge devra préalablement donner lecture à la partie des
articles 366, 34 et 35 du Code pénal (1); l'acte constatant la prestation de serment contiendra mention de
l'accomplissement de cette formalité.

Art. 6.

Tout serment décisoire ou d'office sera prêté dans la
forme suivante : « Devant Dieu qui me voit, qui m'en-

---

(1) Art. 366. — Celui à qui le serment aura été déféré ou référé en
matière civile, et qui aura fait un faux serment, sera puni de la dégradation civique.

Art. 34. — La dégradation civique consiste 1° dans la destitution et
l'exclusion des condamnés de toutes les fonctions, emplois ou offices
publics; — 2° dans la privation du droit de vote, d'élection, d'éligibilité,
et en général de tous les droits civiques et politiques, et du droit de
porter aucune décoration; — 3° dans l'incapacité d'être juré expert,
d'être employé comme témoin dans des actes, et de déposer en justice
autrement que pour y donner de simples renseignements; — 4° dans
l'incapacité de faire partie d'aucun conseil de famille, et d'être tuteur,
curateur, subrogé-tuteur ou conseil judiciaire, si ce n'est de ses propres
enfants, et sur l'avis conforme de sa famille; — 5° dans la privation du droit de port d'armes, du droit de faire partie de la garde natio-
nale, de servir dans les armées françaises, de tenir école ou d'enseigner,
et d'être employé dans aucun établissement d'instruction à titre de profes-
seur, maître ou surveillant.

Art. 35. — Toutes les fois que la dégradation civique sera prononcée
comme peine principale, elle pourra être accompagnée d'un emprisonnement dont la durée, fixée par l'arrêt de condamnation, n'excédera pas
cinq ans. — Si le coupable est un étranger ou un Français ayant perdu la
qualité de citoyen, la peine de l'emprisonnement devra toujours être
prononcée.

« tend et qui me punira si je trahis mon serment,
« je jure que. . . . . »

Comme il est facile de le concevoir, les dispositions
qui précèdent ont pour objet principal d'assurer davantage la sincérité du témoignage en justice; notre projet
de loi, par une triple combinaison, fait un triple appel
à la véracité du témoin : 1º par la crainte, en lui faisant connaître les peines dont la loi punit les faux
témoins; 2º par l'honneur, en lui expliquant l'importance de son rôle de coopérateur du magistrat dans
l'instruction où il sera entendu; 3º par la religion du
serment, en substituant à la formule employée de nos
jours (formule qui n'est qu'une simple promesse de dire
la vérité fournie par le témoin en forme de réplique),
un serment religieux prêté vraiment par le témoin lui-
même à Dieu, le punisseur du parjure.

§. II.

Du faux témoignage au moyen-âge.

Nous avons dit que notre projet de loi avait pour
objet de combler une lacune existant dans notre législation, et cette lacune, suivant nous, consiste dans l'absence de garantie suffisante contre l'infidélité volontaire
des témoins.

Les erreurs judiciaires procèdent de deux causes : ou
le magistrat a été trompé, ou il s'est trompé lui-même.
Une législation qui assurerait la sincérité des témoignages supprimerait une bonne partie des erreurs judiciaires; car c'est en vain qu'un peuple aura de bonnes
lois, des magistrats éclairés. Si les sources auxquelles
ceux-ci vont puiser les éléments de leur conviction sont
empoisonnées, « à côté de la vérité qui est, que l'on ne
« peut point faire, s'élevera ce qu'on est convenu d'ap-
« peler la vérité judiciaire, qui sera une erreur, et de
« plus une iniquité (1). »

Il faut apprécier à sa véritable valeur le rôle d'un témoin dans une instruction. De quelque manière qu'on
l'envisage, il est indéniable que le témoin y devient le
coopérateur du juge. La science héraldique figure la
justice sous la forme de balances. Eh bien! c'est en vain
que les balances seront justes, qu'elles seront tenues
d'une main impartiale, si les poids qui servent à la pesée
sont faux.

Le témoin qui jette des poids frauduleux dans les

_____

(1) Thèse pour la licence, Daniel, 1844

balances symboliques de la justice commet un crime, non-seulement contre le malheureux que le magistrat condamnera injustement, mais contre la société toute entière; un crime dont on ne peut mesurer l'étendue que par l'étendue même des conséquences qu'il entraîne. Quand la justice, habituellement viciée par le faux témoignage, n'est plus qu'un vain mot, sait-on ce qui arrive? Ce qui arrive, c'est que le peuple accuse ses magistrats, dont l'autorité morale est bientôt anéantie; il accuse ses lois. La loi la plus respectable succombe sous le mépris. Mais comme dans une société il faut toujours une force qui la soutienne, à la force morale des lois succède la force brutale : ou bien, si un souvenir mal éteint du sentiment de justice, ineffaçable chez un peuple, le ramène bientôt au sein même de la violence, à l'établissement de quelques règles, on le voit, en matière de preuve, établir des lois où le fantasque le dispute à la cruauté, des règles fondées sur le hasard, qui semblent avoir été faites pour un peuple insensé par un législateur en démence.

Voilà, dira-t-on, de bien grosses conséquences tirées d'un fait à la vérité trop regrettable, mais qui semblerait ne pas devoir causer des résultats aussi excessifs. Vous exagérez, pour les exploiter ensuite au profit de votre système, les malheurs que peut produire dans une société l'iniquité, même habituelle, du témoin. Le tableau que nous venons d'esquisser n'est pas de fantaisie; nous en trouvons le sujet dans l'histoire de notre pays.

En effet, tout le monde sait que le moyen-âge avait, soit en matière criminelle, soit en matière civile, admis les épreuves comme moyens légaux de preuves. Elles avaient lieu, par l'eau froide, l'eau bouillante, par le feu, par le fer ardent, par le combat en champ clos, par la croix et par l'eucharistie. Il serait superflu pour notre thèse d'entrer ici dans des détails circonstanciés sur leur nature, que chacun connaît plus ou moins, mais qu'en tous cas, chacun connaît assez.

Eh bien! posons ici une question au lecteur. Veut-il savoir comment il s'est fait qu'un peuple chrétien ait été conduit à créer un système d'instruction aussi barbare? Qu'il écoute Dauty sur Boiceau :

« En France, dans les commencements de la monar-
« chie, l'ignorance était si grande, que peu de per-
« sonnes savaient écrire. Ainsi on passait fort peu d'ac-
« tes, ce qui rendit la preuve par témoins fort com-
« mune. Mais, comme on mettait tout en usage pour
« les corrompre, leur foi devint si suspecte, que ces
« peuples grossiers et barbares eurent recours aux su-
« perstitions dans les matières civiles, aussi bien que
« dans les matières criminelles, pour connaître la vé-
« rité et le bon droit des parties, et les juges peu éclai-
« rés se laissèrent aller à l'usage. Ces preuves supers-
« titieuses devinrent même d'une si grande autorité,
« qu'on les appela Jugements de Dieu, comme si Dieu
« eut été obligé de faire un miracle pour aider leur
« ignorance, et on en distingua de deux sortes. La pur-
« gation vulgaire, que l'abus des peuples avait intro-
« duite, et la purgation canonique, qui était autorisée
« par les canons (1). »

M. Faustin Hélie, le savant auteur de la théorie du Code d'instruction criminelle, s'exprime ainsi :

(1) Danty, sur Boiceau, 2ᵉ édit., page 33.

« Dans les premiers temps, la preuve testimoniale
« formait la base exclusive de la procédure. C'est par
« des témoins, produits successivement par les deux
« parties, que les accusations étaient prouvées ou
« combattues. A défaut de témoins *de visu*, la législa-
« tion avait encore admis une seconde catégorie de té-
« moins, les *Compurgatores* ou *Juratores*, espèces de
« garants qui venaient cautionner par leur serment la
« moralité des parties. Ce double usage de la preuve
« orale, commença à décliner vers le neuvième siècle.

« L'emploi trop fréquent des témoignages, avait
« conduit au parjure, et le parjure devint si fréquent,
« que les juges cessèrent d'avoir foi dans le serment.
« Plusieurs mesures furent prises pour corriger cet
« abus; on commença par donner au serment une so-
« lemnité plus grande, un caractère plus religieux. Le
« témoin jurait, *in sanctis evangeliis vel in sanctorum*
« *reliquiis*. On décida ensuite qu'il ne prêterait ser-
« ment qu'à jeun : *hoc jejunus faciat cum omni hones-*
« *tate et timore Dei*. Enfin, celui qui n'avait pas une
« propriété suffisante pour répondre de son témoi-
« gnage, n'était pas admis à témoigner. Ces remèdes
« furent impuissants. On appliqua alors des peines au
« témoin parjure; il fut déclaré incapable de témoi-
« gner à l'avenir en justice. On lui infligea même une
« peine plus grave. Quiconque était convaincu d'avoir
« porté un faux témoignage avait la main droite coupée
« à moins qu'il ne la rachetât. Toutes ces dispositions
« furent vaines: il se trouvait, ainsi que l'attestent les
« textes même, des individus toujours prêts à se par-
« jurer pour l'appât du plus léger salaire, et même
« pour le prix de la nourriture d'un seul jour. *Pro*

« *unius diei satietate*. Les seigneurs avaient même ob-
« tenu le singulier privilége de jurer par autrui, et
« par conséquent d'être impunément parjures, atten-
« du que la peine du faux témoignage ne tombait que
« sur le vassal qui avait prêté serment. Dès lors, la
» preuve orale fut frappée d'une réprobation univer-
« selle. Les juges et les législateurs eux-mêmes sem-
« blèrent d'accord pour ne plus l'employer comme
« élément de conviction ; c'est alors que le duel judi-
« ciaire fut généralement adopté, pour suppléer la
« preuve par témoins (1). »

Les épreuves composent un système d'instruction
si contraire aux sentiments les plus vulgaires d'équité,
elles constituent un fait si saillant dans notre histoire
qu'elles n'ont pas manqué d'être étudiées par les jurisconsultes et les historiens; et tous ont été unanimes
pour reprocher au faux témoignage leur établisse -
ment (2). Aux autorités qui précèdent, il faut ajouter
les graves autorités de Montesquieu (3) et de M. Guizot (4).

Mais, ce n'est pas tout : le combat judiciaire, qui fut

(1) Faustin Hélie, Introduction à l'*Etude de la Procédure criminelle*.
page 280.

(2) On se battait non-seulement sur le fond d'un procès, mais sur l'in-
cident et sur l'interlocutoire (Beaumanoir, chap. LXI). — A Orléans, le
combat avait lieu pour toutes espèces de dettes. — Louis-le-Jeune dé-
clara que cette coutume n'aurait lieu que lorsque la demande excéderait
cinq sols (Charte de Louis-le-Jeune, de l'an 1168). — Du temps de saint
Louis, il suffisait que la valeur fût de plus de douze deniers (Beaumanoir.
chap. LXIII).

(3) Montesquieu, *Esprit des Lois*, chap. XVIII, *Comment la preuve par
témoins s'étendit*.

(4) Guizot, *Histoire de la Civilisation en France*.

d'abord employé dans certains cas, plus tard dans tous les cas, dans toutes les affaires soit civiles soit criminelles, devint ensuite promptement au sein de la société du moyen-âge, le *criterium* universel de la vérité. Du moment où un peuple, ayant désespéré de la justice rationnelle, en était venu à faire dépendre du fer la solution d'un procès, à considérer le meilleur coup comme étant la meilleure raison, il devait naturellement à son point de vue, après avoir admis l'emploi de l'épée dans l'application des lois, s'en servir dans la confection des lois nouvelles. C'est ce qui arriva, et c'est l'empereur Othon Ier qui se chargea de tirer les dernières conséquences logiques des principes que la société du moyen-âge avait posés.

« La question s'étant présentée devant l'empereur
« Othon Ier, de savoir si, en succession directe, la
« représentation avait lieu entre enfants, et les doc-
« teurs s'étant trouvés partagés sur cette difficulté, cet
« empereur ordonna que l'on remit la décision au ju-
« gement des armes. On choisit pour cet effet deux
« vaillants champions, et ce combat se passa si heu-
« reusement, que celui qui combattait en faveur de
« ceux qui soutenaient que la représentation devait
« avoir lieu, remporta la victoire sur ceux qui soute-
« naient le parti contraire. En conséquence de quoi,
« l'empereur ordonna que les petits-fils et petites-filles
« succéderaient à leurs aïeux et aïeules, comme eussent
« fait leurs père et mère s'ils eussent vécu (1). »

Transformer deux gladiateurs en légistateurs! Faire

---

(1) *Witichind Saxo*, l. 2. - *Ant. Mathæus tract. de probatione*, ch. II. n° 101. - *Sigebert in Chron. ad. an. 912.*

dépendre de la tierce, du coup de pointe, *de l'art de donner et de ne pas recevoir*, comme dit le maître d'armes du *Bourgeois gentilhomme*, une question de législation, la touchante question de savoir si les petits-fils, ces petites têtes si chères aux vieillards, leur succéderont par voie de représentation!!!

Suivant les textes originaux (1), suivant les autorités anciennes et modernes que nous avons citées, il est donc incontestable, maintenant, que les épreuves, que toutes les aberrations du moyen-âge ont été causées par la corruption du témoignage oral. A ceux qui s'étonnent toujours de voir des causes apparemment médiocres produire des effets aussi considérables, il faut rappeler que, si dans une substance saine on introduit un ferment de corruption, elle tombe inévitablement en corruption; le faux témoignage est comme le ver caché qui gâte le plus beau fruit, il a été le ferment purulent qui a corrompu la justice au moyen-âge.

Apprenons, par cette première page de l'histoire de nos pères, à quel point il importe d'assurer la sincérité des dépositions de témoins ; apprenons que le sujet que nous traitons est du plus haut intérêt social, puisque le faux témoignage a fait, pendant des siècles, reculer la civilisation et le règne de la justice.

(1) Préambule de la Constitution d'Othon II.

§. 3.

Du faux témoignage dans les temps modernes.

Nous venons de voir à quel degré avait été portée, avant l'établissement des épreuves, la corruption du témoignage oral; faisons, maintenant, l'histoire de cette même corruption depuis la suppression des épreuves jusqu'à nos jours. Cette courte monographie historique achèvera de fournir au lecteur le diagnostic complet de la maladie qui affecte le témoignage humain, et lui permettra de mieux apprécier les remèdes préventifs que nous avons imaginés.

Le mode d'instruction par les épreuves, que le désespoir avait introduit dans la législation de la première partie du moyen-âge, était trop contraire aux notions les plus élémentaires de l'équité, pour durer au-delà d'un certain temps. Bientôt, en effet, le sens public égaré se redresse; le législateur limite l'emploi des différentes épreuves; le duel judiciaire est condamné par les mœurs et plus tard par de nouvelles lois; la preuve testimoniale rentre dans les conseils de la justice; mais, hélas! elle est encore au moment de cette restauration, infectée du vice qui l'avait fait proscrire autrefois, en un mot, elle est toujours corrompue par la vénalité.

C'est alors que dans une petite république d'Italie, à Bologne, un législateur posa les principes d'une révolution juridique, appelée à s'étendre dans toute l'Europe civilisée; le statut de Bologne, de 1454, défendit l'administration de la preuve testimoniale en matière civile, dans certains cas et au-delà d'une certaine somme; il est la source de l'article 1341 du Code Napoléon. Ecrit en latin, il met au jour rudement et sans voiles le vice persévérant de la preuve testimoniale; il commence par ces mots: *Ab obviandum ne infrà scriptis casibus falsi testes producantur, in quibus facile produci consueverunt statuimus et firmamus, etc., etc.* (1).

Nous n'affaiblirons pas, par un commentaire, la brutale énergie de ce préambule, la lumière qu'il répand sur les motifs d'établissement du statut en question et de toutes les dispositions similaires qui lui ont été empruntées dans les siècles suivants.

Le 23 avril 1552, le cardinal d'Amboise, sur l'ordre de Louis XII, roi de France et duc de Milan, publia un statut dont les dispositions sont empreignées de l'esprit du statut de Bologne.

Arrivons à l'ordonnance de Moulins :

C'est sur les plaintes des parlements, touchant l'abus et la corruption du témoignage oral, et notamment sur les remontrances faites par le premier président de Toulouse, député à cet effet à l'assemblée des Etats tenus à Blois, que fut rendue en février 1566 l'ordonnance de Moulins (2). A ne consulter que les motifs dénoncés par

_____

(1) *Statutum Bononiæ de probationibus solutionum.* — « Pour empêcher que dans les cas ci-après mentionnés dans lesquels on a coutume de produire facilement de témoins faux, on n'en produise encore à l'avenir, etc, etc.

(2) « Pour obvier à la multiplication des faits que l'on a vu ci-devant être mis en avant en jugement, sujets à preuve de témoins et reproches d'iceux, dont adviennent plusieurs inconvéniens et involutions de procès, avons ordonné, et ordonnons : que, dorénavant, de toutes choses, excédant la somme ou valeur de cent livres pour une fois payée,

le préambule de l'ordonnance, il semble que ce nouveau
législateur n'aurait eu en vue, que d'arrêter les nombreuses involutions de procès, la multiplicité des en-
quêtes, le conflit alors si fréquent des preuves écrite et
testimoniale. En effet, ce préambule constate bien l'abus
de la preuve testimoniale par un emploi trop fréquent;
mais à la différence de celui du statut de Bologne, il ne
relève pas que cette preuve fût alors altérée par la corruption; cela tient à ce que Charles IX, en s'inspirant
des motifs qui avaient dirigé le législateur bolonais, a
judicieusement pensé qu'il pouvait être dangereux de les
révéler tous. Dans une langue savante, dans la langue
des jurisconsultes, le législateur bolonais avait pu mon-
trer le faux témoignage corrompant toute justice; mais,
dans la langue vulgaire, Charles IX pouvait-il, devait-il,
au moment où il réglementait l'emploi de la preuve testimoniale, tenir ce langage?

« Je restreins l'application de la preuve testimoniale
« parce qu'elle est une grande menteuse. Je la restreins
« aux matières dans lesquelles l'intérêt des parties sera
« inférieur à cent livres, parce que, dans les matières
« où l'intérêt des parties serait supérieur à ce chiffre,
« il y aurait place pour le mobile d'un procès, et la
« corruption d'un ou de plusieurs témoins; parce que,
« dans une action engagée sur un capital de deux cents

« seront passés contrats par devant notaire et témoins; par lesquels
« contrats seulement, sera faite et reçue toute preuve des dites matières,
« sans recevoir aucune preuve par témoins, outre le contenu audit
« contrat, ni sur ce qui serait allégué avoir été dit ou convenu avant
« icelui lors et depuis. — En quoi, n'entendons exclure les conventions
« particulières et autres qui seraient faites par les parties, sous leurs
« seings et sceaux, et écritures privées. »

« livres, par exemple, le demandeur, après avoir cor-
« rompu des témoins moyennant cent livres, trouve-
« rait encore un avantage comme profit de son crime
« de subornation.

Le législateur pouvait-il faire tout haut le raison-
nement, les calculs qu'il faisait tout bas? Mais c'eut
été stygmatiser le témoignage oral, au moment même
où il en réglementait l'emploi, flétrir publiquement
d'une main le moyen de preuve légale qu'il remettait
de l'autre main au magistrat chargé de la recherche
de la vérité. »

Mais ce que, dans sa prudence, le législateur de 1566
ne nous dit pas, les commentateurs contemporains nous
le révéleront.

« Notre prince marque au commencement de cette
« ordonnance, dit Boiceau, à quelle occasion et par
« quelle raison il l'a faite en ces mots : Pour obvier, etc.
« Le motif donc, pour lequel cette ordonnance a été
« faite est afin d'obvier à la multiplicité des *faits* que
« l'on avait coutume d'articuler en justice, qui ne pou-
« vaient être prouvés que par témoins; d'où il s'en-
« suivait une involution de procès que les plaideurs
« essayaient de faire naître, plutôt pour embarrasser
« l'affaire que dans le dessein de se servir de cette
« preuve pour conserver leurs droits : *Ce qu'ils prati-*
« *quaient la plupart du temps en subornant des té-*
« *moins : Quod, ut plurimum cum falsorum testium*
« *subornatione, factitatum est.* Enfin, le commenta-
« teur ajoute : Et ce sont les raisons pour lesquelles
« la preuve testimoniale avait été autrefois abrogée :
« *Iis inquam, rationibus abrogata est testium pro-*
« *batio.* »

Comme on le voit, ce langage est d'une vigueur qui atteste, en 1566, un mal profond; les abus qu'il signale à la charge du faux témoignage, rappellent ceux qui désolaient la justice au moyen-âge.

Dans l'ordre chronologique, nous devons enregistrer l'édit perpétuel des archiducs de Flandre (12 juillet 1611), dont les dispositions sont également tournées à la limitation de la preuve testimoniale.

Enfin, le dernier monument législatif ancien à citer dans cette matière est l'art. 2 du titre xx de l'ordonnance de 1667; il est, à quelques nuances près, la reproduction de l'art. 54 de l'ordonnance de Moulins. L'ordonnance de Louis XIV a été rendue en 1667, et c'est précisément en 1667 que Racine écrivait *les Plaideurs*, joués en 1668.

Tout le monde connaît ce passage où Chicaneau fait à la Brie la recommandation suivante :

> Il viendra me demander peut-être
> Un grand homme sec, là, qui me sert de témoin,
> Et qui jure pour moi lorsque j'en ai besoin,
> Qu'il m'attende.

Quelques années plus tard, Boileau, dans une épître dédiée à Colbert, écrivait ce qui suit :

> Jadis l'homme vivait au travail occupé,
> Et ne trompant jamais, n'était jamais trompé;
> On ne connaissait pas la ruse et l'imposture,
> Le Normand même alors ignorait le parjure (1).

Les traits satiriques des deux grands poètes servent ici d'explication et de commentaire à l'ordonnance du grand roi.

(1) Epître IX.

Enfin, quand le législateur de 1804 fait, dans l'article 1341 du Code Napoléon, sa place au principe du statut de Bologne, il constate que les circonstances morales à cette époque ne sont pas de nature à augmenter la confiance que l'on doit avoir dans la preuve testimoniale (1).

Que résulte-t-il de l'examen historique auquel nous venons de nous livrer? C'est que l'infidélité volontaire des témoins a toujours été l'ennemi le plus dangereux de la justice humaine; c'est que le faux témoignage est en quelque sorte de l'essence de la preuve testimoniale, le vice propre *(sui generis)* de la parole humaine. En théorie, diverses raisons légitiment la limitation de la preuve testimoniale : l'erreur de nos sens, de notre raison, l'incertitude de nos souvenirs, les défaillances parfois complètes de notre mémoire, les influences insciemment subies, mille causes agissant sur la volonté ou l'esprit humain, et qui échappent à l'analyse; enfin, la subornation des témoins. Mais si diverses raisons légitiment aujourd'hui à nos yeux la limitation de la preuve testimoniale, il résulte de l'étude de la législation antérieure, que le motif principal, presque unique, qui a dirigé les législateurs depuis trois siècles, le but qu'ils ont voulu atteindre, au moyen des dispositions emprun-

---

(1) L'ordonnance de 1667 permettait la preuve par témoins jusqu'à 100 francs, l'art. 1341 élève ce taux jusqu'à 150 fr. — A propos de cette augmentation, le tribun Jaubert s'exprimait de la manière suivante : « Cette augmentation n'est pas proportionnelle à la valeur relative des « espèces, mais, d'une part, les circonstances morales ne sont pas « propres à encourager le législateur à donner plus de latitude à la preuve « testimoniale; de l'autre, il a dû considérer que l'usage de l'écriture « est devenue plus familier. » (Locré, tome XII, page 527.)

tées au statut de Bologne, a été de préserver la justice
du faux témoignage volontaire (1).

Nous venons de voir le témoignage humain dans le
passé, que dirons-nous de lui dans le temps présent?
Le témoignage oral est-il aujourd'hui aussi corrompu
par la vénalité qu'il l'était dans les siècles précédents?
Sous l'empire d'une loi qui régit les sociétés hu
maines, nous voulons dire la loi du progrès, le niveau de la moralité publique va toujours en s'élevant.
Aussi, à l'honneur de la génération présente, nous
nous plaisons à constater que le faux témoignage a
changé de caractère et qu'il est moins fréquent. A la
vérité, le témoin est encore quelquefois vénal, mais le
plus souvent le parjure ne lui est plus inspiré que par
une complaisance coupable. On ne voit plus d'exemples de ce trafic effronté, signalé par les poètes du
siècle de Louis XIV. Le faux témoignage s'est en quelque sorte purifié, il s'est relevé dans l'échelle des crimes. Mais s'il est moins immoral, il est aussi funeste;
s'il est moins fréquent, il égare encore trop souvent la

---

(1) Les anciens n'ont pas connu la limitation du témoignage oral : chez
les Romains, par exemple, la preuve se faisait concurremment par titre
et par témoins. — Justinien, dans une de ses novelles, fait même prévaloir la preuve orale sur la preuve par titres : *Nos, equidum, existima-
vimus ea, quæ dicuntur viva voce et cum jurejurando, hæ digniora
fide, quam scripturam ipsam.*

Le moyen-âge semble avoir suivi cette doctrine; il est même très curieux
de lire les sophismes, au moyen desquels les jurisconsultes de cette
époque s'efforçaient d'établir la prééminence de la preuve testimoniale.
— La preuve par écrit est appelée une preuve sourde et muette, *muta et
surda* : enfin, suivant un proverbe qui caractérise la défaveur et le dis-
crédit, dont elle était atteinte : Le papier et le parchemin souffrent
tout.

justice. Aussi, quelle que soit l'amélioration que nous venons de constater dans les mœurs publiques, le mensonge en justice, dont les conséquences sont si déplorables, doit-il continuer d'exciter la sollicitude du législateur ?

§. 4.

Examen critique du principe de la limitation de la preuve testimoniale.

La limitation continue dans la première partie de l'article 1341 du Code Napoléon, n'est applicable qu'aux matières civiles, et pourtant logiquement il semble à celui qui ouvre pour la première fois ce Code, que le principe de cet article soit, en matière de preuve, un principe général, absolu, une fois posé, qui, bien qu'inscrit dans le Code civil, doive s'étendre à toutes les autres parties de notre législation, s'y repercuter. Il semble, en d'autres termes, que la preuve testimoniale, flétrie par les soupçons que le législateur a sous-entendus dans l'art. 1341, ne doive jamais être relevée du demi-arrêt de proscription prononcé contre elle, et qu'en conséquence, en quelque matière et devant quelque juridiction que ce soit, elle ne puisse jamais être admise dans les conseils des magistrats, que sous des conditions spéciales et limitatives.

Il est pourtant bien loin d'en être ainsi, et l'économie générale de notre législation touchant la preuve testimoniale, peut être résumée dans l'antithèse contenue dans les deux propositions suivantes :

Dans les conventions, c'est-à-dire dans les matières d'argent supérieures à 150 fr., la preuve ne sera pas faite par témoins.

Dans les matières correctionnelles et criminelles, etc., c'est-à-dire d'honneur, de vie et de liberté, la preuve sera faite par témoins.

Il est assez difficile de bien juger la législation sous laquelle on vit, car de même qu'à la longue les yeux s'habituent à voir sans déplaisir les objets disgracieux, de même, dans l'ordre moral, l'intelligence, la conscience se familiarisent avec le mal ou l'imparfait. Aussi, pour apprécier plus sainement la législation qui contient les dispositions contradictoires que nous venons de juxtaposer, prenons un instant, s'il se peut, les yeux d'un étranger.

Supposons qu'un Bias, qu'un de ces sages qui parcouraient autrefois les pays que baigne la Méditerranée, à l'effet de s'instruire des lois des pays voisins et de rapporter à leurs compatriotes, non pas de frivoles impressions de voyage, mais des enseignements utiles; supposons, disons-nous, qu'un Lycurgue visite notre France : en parcourant le livre qui contient nos lois, ses yeux s'arrêtent sur l'article 1341.

« Voilà, s'écriera le voyageur grec, une disposition bien prudente! Heureux le peuple auquel les Dieux accordent de sages législateurs; les vôtres ont justement apprécié la fragilité du témoignage humain, et ils n'en ont permis l'emploi que dans les matières de peu d'importance. A Athènes, nous n'admettions pas non plus le témoignage oral dans tous les cas (1). »

Poursuivant l'examen de notre loi, notre voyageur

(1) L'archonte examinait si la demande qu'une partie voulait intenter méritait d'être portée en justice ; si la cause consistait en fait, il déterminait si elle devait être prouvée par écrit ou par témoins. — Si l'action était admise, on donnait aux parties des juges que l'on tirait au sort : — les témoins prêtaient serment sur l'autel de Minerve ; quand l'affaire était trop obscure, on avait recours à l'oracle du temple de Delphes.

grec découvre successivement les innombrables hypo-
thèses, dans lesquelles il est dérogé au principe apparemment général de l'article 1341; il apprend que notre
législation permet l'administration de la preuve testimoniale, à quelque somme que la matière puisse s'élever,
lorsqu'il existe un commencement de preuve par écrit(1).
Toutes les fois qu'il n'a pas été possible au créancier de se
procurer une preuve littérale de l'obligation qui a été
contractée envers lui, lorsqu'il s'agit d'obligation qui
résulte de délit ou quasi délit (2), etc., etc., lorsque
la matière est commerciale entre commerçants. Plus
loin il aperçoit cette même preuve se produisant
avec une puissance illimitée, devant les tribunaux de
simple police, de police correctionnelle, servant enfin d'assiette aux arrêts les plus terribles dans les tribunaux plus solennels encore, qui décident souverai-
nement de l'honneur, de la liberté, de la vie des citoyens.

« Mais par Jupiter, s'écrie-t-il, votre législateur vient
de fausser sa parole; il annonce dans le premier de ses
codes, que par une sage mesure et en considération de
la mauvaise foi des témoins, il a proscrit la preuve testimoniale, laquelle ne sera plus administrée que dans
les causes de peu d'importance. J'admire une disposition si prudente, mais à peine ai-je tourné une page de
votre livre, que je vois votre législateur rouvrir successivement, sans condition devant les témoins, le sanc-
tuaire de la justice, d'où je les estimais à peu près

(1) 1347, Code Napoléon.
(2) 1348.

chassés, et la preuve orale devenir le fondement le plus général, le plus ordinaire, sur lequel s'établit la vérité judiciaire. »

« Etrange législateur! qui ne pose des principes que pour les transgresser. Etrange législation! que celle qui dit au magistrat : Tu n'accepteras pas le témoignage de l'homme comme base de tes jugements, quand il s'agira d'un intérêt pécuniaire, supérieur à 150 francs. Tout homme étant menteur est sujet à erreur; qui dit au même magistrat quelques instants après : Prends ce témoignage erroné ou falsifié, sers-t'en sans limitation quand tu auras à prononcer criminellement sur l'honneur, la vie, la liberté de tes semblables. »

« Ainsi votre législation protége fort ce à quoi je tiens le moins, ma bourse; elle laisse à découvert, exposés aux entreprises des méchants, ce à quoi je tiens le plus, ma liberté, mon honneur. Demain un malhonnête homme, quand bien même il aurait corrompu, pour lui servir de témoins, trois autres malhonnêtes gens, est devant vos tribunaux, dans l'impuissance légale, absolue de me faire condamner au paiement d'une somme de 151 fr., que je dénierais lui devoir. Mais ce malhonnête homme, assisté des mêmes complices et m'accusant injustement d'un crime, a des chances de me faire poursuivre criminellement et même de me faire condamner. »

Le lecteur aura déjà distingué ce qu'il y a de vrai, de juste d'avec ce qu'il y a d'exagéré dans le langage que nous venons de rapporter. En fait, nous ne sommes pas abandonnés sans défense à toute la malignité du témoignage oral; de nombreuses mesures, des épreuves multipliées accompagnent l'administration de la justice criminelle; il nous semble même difficile que le concert frauduleux de plusieurs témoins, supposé plus haut, puisse échapper à la vigilance de nos magistrats, au crible d'une double instruction judiciaire. Toutefois, quels que soient en fait les tempéraments heureux, imaginés par le législateur, il est certain, en principe, que la singulière anomalie qui était signalée tout à l'heure par le voyageur grec, existe réellement dans notre législation.

Cette anomalie cependant, ne procède pas de l'inconséquence du législateur; son œuvre, quoique disparate, peut être justifiée. Il était bon, il était possible, dira-t-il, de limiter l'emploi de la preuve testimoniale en matière civile, et je l'ai fait dans l'article 1341. Il eût été bon, meilleur encore peut-être, de limiter, proscrire la preuve testimoniale en matière criminelle; mais cela était impraticable, car comment, si ce n'est par témoins, établir la preuve des délits ou crimes?

A la vérité, employer la preuve testimoniale en matière criminelle, c'est s'exposer au faux témoignage, ce qui est un grand mal. Mais renoncer à l'emploi de cette preuve par le motif qu'elle peut être infectée de faux témoignage, ce serait rendre impossible la poursuite des crimes.

Le législateur a fait pour le mieux, dans la mesure des facultés humaines, et nous venons de voir à quelle distance pourtant, il est resté de la vérité; c'est que c'est surtout pour les législateurs que semblent avoir été écrits ces mots de Pascal, ce maître dans l'art de penser juste et d'exprimer fortement : « La justice et la « vérité sont deux pointes si subtiles, que nos instru- « ments sont trop émoussés pour y toucher exacte- « ment; s'ils y arrivent, ils en écachent la pointe en

« appuyant tout au tour, plus sur le faux que sur le
« vrai. »

Toutefois, jugeons plus humainement les efforts hu-
mains. Il est évident que toute œuvre d'un législateur,
quelque parfaite qu'on la suppose, n'est qu'un alliage
dans lequel la vérité est mêlée à l'erreur. Pour être
juste envers l'ouvrier, il faut lui pardonner le faux qui
a passé malgré lui au travers des mailles de son crible,
en faveur des portions de vérité qu'il a su recueillir; il
faut, enfin, juger une œuvre législative par ses résultats,
et si l'on se place à ce point de vue, le statut de Bologne
et toutes les dispositions similaires qui en descendent
sont dignes de l'estime et de la reconnaissance des
peuples.

De l'examen doctrinal auquel nous venons de nous
livrer, il résulte que le principe de la limitation de la
preuve testimoniale occupe dans notre législation une
place beaucoup *plus apparente qu'étendue*. Que ce principe, imaginé comme remède contre la corruption du
témoignage humain, ne produit, par suite de la manière
dont il est administré, que des effets thérapeutiques
très-restreints. Aussi, après le législateur bolonais, imaginant la limitation du témoignage oral en matière civile, il reste encore, suivant une ancienne expression
parlementaire, « *quelque chose à faire;* » il reste,
comme nous voulons le tenter, à purifier le témoignage
oral, puisqu'il est impossible de renoncer absolument à
s'en servir.

§. 5.

Du mérite des garanties prises contre les témoins dans notre législation.

Le projet de loi que nous soumettons aux réflexions des jurisconsultes a pour objet, nous le répétons, de combler une lacune existante dans nos Codes, et cette lacune, suivant nous, consiste dans l'absence de garanties suffisantes contre l'infidélité volontaire des témoins.

En effet, si après s'être rendu un compte sérieux de l'importance d'un témoin dans une instruction, de l'influence souvent capitale de son témoignage, on pèse ensuite la valeur des mesures, au moyen desquelles le législateur a cherché à mettre le juge à l'abri du faux témoignage, on demeure effrayé de la faiblesse de ces moyens défensifs, et l'on s'étonne que ce même législateur, admirable de sagesse, qui a su exiger de ceux qui concourent habituellement à l'administration de la justice, tant de conditions, se soit départi de la rigueur de cet heureux système vis-à-vis précisément de ces témoins que le hasard ou un choix intéressé viennent associer à l'œuvre de la justice.

Qu'est-ce qu'un témoin? il importe de bien le définir.

Devant un tribunal criminel, par exemple, le témoin est celui qui porte la lumière sur les faits soumis à l'examen. Sa déposition doit justifier ou repousser l'accusation; c'est la matière sur laquelle s'élèvera le débat entre le ministère public et la défense. La valeur, l'exactitude de la déposition du témoin, mais c'est le nœud, le cœur de la question soumise aux magistrats.

Si la personnalité du témoin a autant d'importance en droit, quel est-il en fait?

En fait, le témoin, c'est le premier venu, c'est celui qu'un accident, par exemple, a fait assister à la perpétration d'un crime. La cour d'assises, devant laquelle il sera appelé à déposer, est composée de membres qui ont tous été l'objet d'un choix étudié, réfléchi, à raison de leur mérite, de leur intégrité, de leur condition sociale, de leurs titres professionnels.

Le témoin, au contraire, n'est jamais choisi; c'est une puissance aveugle, le hasard qui le crée et le verse dans le débat.

Aussi, que peut-on prédire ou supposer sûrement touchant sa personnalité?

Sa condition sociale : elle est élevée, elle est basse, suivant l'aventure; cependant, comme les crimes sont commis surtout par la classe la moins éclairée, et que les témoins sont le plus souvent dans le voisinage social du coupable, on peut dire que généralement la condition du témoin est plutôt basse qu'élevée.

Le témoin qui va déposer tout-à-l'heure devant la cour d'assises offre-t-il des garanties de moralité?

Il peut se faire, il n'est pas impossible (1).

Offre-t-il des garanties de sincérité?

Cela peut être.

Déposera-t-il sincèrement ou mentira-t-il à la justice?

---

(1) Cette réponse et les suivantes sont empruntées à la scène VIII du *Mariage forcé*.

L'un ou l'autre.

Comme on le voit, nous sommes condamné à résoudre avec les réponses du docteur Marphurius, toutes les questions que soulève la personnalité des témoins.

Mais, dira-t-on, si la justice qui a choisi soigneusement les magistrats et en général tous ceux qui figurent dans le personnel d'une cour d'assises, s'est vue, par la force des choses, dans l'impuissance de choisir ses témoins, il ne faut pas oublier pourtant, que le législateur a pris des mesures pour assurer la sincérité de leur déposition, et qu'avant d'être entendu, tout témoin prête serment de dire la vérité : cela est juste, et nous examinerons tout-à-l'heure quel est le caractère de ce serment; mais, préalablement, nous ferons d'abord remarquer qu'il compose à lui seul le système défensif du législateur, qu'il est la première et la dernière sauvegarde contre le faux témoignage.

Or, après ce que nous avons vu touchant la corruption du témoignage humain dans tous les temps, et l'importance du rôle d'un témoin en justice, il faut convenir que le législateur, en n'exigeant qu'une garantie unique *de cet inconnu fourni par le hasard,* s'est montré beaucoup trop tôt satisfait.

Encore, si le serment par sa formule, sa solennité, son caractère particulier, était de nature à frapper fortement les consciences, il pourrait peut-être, à lui seul, racheter l'absence des garanties non stipulées; mais il est impossible de rencontrer des formules de serment plus pâles, plus insignifiantes que celles qui sont employées devant les tribunaux français.

Les formules de serment sont multiples et varient selon la nature des tribunaux. Elles sont ainsi conçues :

Devant les justices de paix et les tribunaux de première instance (1) :

>Demande : Vous jurez de dire la vérité?
>
>Réponse : Je le jure.

Devant le tribunal de simple police, le tribunal cor-
rectionnel, le juge d'instruction : (2)

>Demande : Vous jurez de dire la vérité, rien
>que la vérité?
>
>Réponse : Je le jure.

Devant la Cour d'assises : (3)

>Demande : Vous jurez de parler sans haine
>et sans crainte, de dire toute la vérité et
>rien que la vérité?
>
>Réponse : Je le jure.

Les formules de serment devant les tribunaux civils
et correctionnels sont, à une variante près, complète-
ment identiques; celle qui est employée devant la Cour
d'assises a un caractère un peu plus accentué, qui la
différentie des précédentes. Le législateur a-t-il eu l'in-
tention de nuancer les formules dans le rapport des ju-
ridictions? On peut l'admettre; mais dans tous les cas,
que ces nuances sont faiblement colorées! d'un autre
côté, que ces formules sans grandeur s'accordent peu
avec ce que la conscience et l'esprit sont habitués de
penser touchant la sainteté du serment!!

Une formule sans dignité, prononcée par le président, un geste machinal du témoin accompagnant une
réplique en trois mots : Voilà de nos jours le serment!

(1) Art. 35, 262, C. proc.
(2) Art. 75, 155, 189, Inst. crim.
(3) Art. 317, *id.*

Mais pour être plus près de la vérité, il faut dire qu'il n'y a pas apparence d'un serment dans les formules que nous venons d'énoncer, mais une simple promesse de dire la vérité : que l'engagement contracté par le témoin est purement civil, ne constitue qu'un contrat judiciaire.

Le serment, tel qu'un esprit qui se souvient, le conçoit, le serment qui ramena Regulus dans les supplices, le roi Jean dans les mains du prince Noir, ces serments observés, qui ont fait des héros, étaient tout autrement conçus que ceux que nous venons de voir, ils contenaient une pensée religieuse.

Au témoignage de l'humanité, le serment est un acte religieux par lequel une personne prend Dieu à témoin de la sincérité de son affirmation. Ciceron le caractérise en quatre mots : *Adfirmatio Religiosa, teste deo.* Le serment, dit Pothier, est un acte religieux par lequel une personne déclare qu'elle se soumet à la vengeance de Dieu ou renonce à sa miséricorde, si elle n'accomplit pas ce qu'elle a promis ; c'est, ajoute-t-il, ce qui résulte de ces formules : « Ainsi, Dieu me soit en garde ou en « aide, je veux que Dieu me punisse, si je manque à « ma parole. »

D'où nous viennent alors ces nouvelles formules, vides de toute idée religieuse, qui, sans chercher à saisir la conscience de l'homme, s'adressent à sa seule raison ? Elles nous viennent de la tourmente révolutionnaire, elles sont l'œuvre de quelque législateur dévot à la déesse Raison. Au moyen du caractère particulier de ces formules, on peut même déterminer la date précise où elles ont été imaginées, qui se place à notre sens entre le jour de l'inauguration du culte de la déesse Raison et celui de la reconnaissance de l'Être suprême.

Après un long temps, nous venons, dans le dessein d'assurer davantage la sincérité du témoignage oral, demander, entre autres choses, au législateur, de restaurer la religion du serment, en restituant à ce dernier le caractère sacré qui le fait respectable et qu'il a toujours eu dans les sociétés anciennes. Mais avant d'aborder cette matière, jetons un coup d'œil en arrière sur le chemin que nous venons de parcourir, et résumons en peu de mots cette première partie de notre travail.

Notre projet de loi ayant pour objet d'augmenter les garanties contre la corruption du témoignage oral, nous avons dû d'abord dénoncer les dangers que cette corruption fait courir à la justice. Dans ce dessein, nous avons montré au moyen-âge nos pères désespérés par la perfidie des témoins, renonçant éperdus aux voies ordinaires par lesquelles les hommes ont l'habitude de rechercher la vérité, y substituant le duel judiciaire, les épreuves, enfin toutes ces aberrations qu'un grand désespoir peut seul expliquer; nous avons fait voir, dans des temps plus modernes, de nombreux législateurs conjurés contre le vice persévérant de la preuve testimoniale, et imaginant nouvellement de restreindre l'emploi de cette preuve.

Nous avons fait remarquer que leur réforme était plus apparente qu'étendue, et que ces législateurs qui avaient limité étroitement l'emploi du témoignage oral en matière civile, s'étaient vus forcés de continuer d'y avoir recours pour faire la preuve des crimes et délits; qu'ainsi les lois restrictives dont s'agit n'avaient remédié qu'au plus petit mal, puisque l'honneur, la liberté, la

vie des citoyens sont encore exposés devant les tribunaux à des dangers sérieux résultant de la corruption
testimoniale.

Enfin, quand nous avons voulu mesurer la valeur des
sauvegardes au moyen desquelles le juge doit être pré-
servé de la mauvaise volonté des témoins, nous n'avons
trouvé comme sûreté que le seul serment affaibli d'ailleurs, sans force morale, depuis qu'il a été dépouillé du
caractère religieux.

Au moyen de ces considérations préliminaires, nous
pensons avoir justifié cette première allégation, qu'il
existe dans nos Codes une lacune importante, et qu'elle
consiste dans l'absence de garanties suffisantes contre
l'infidélité volontaire des témoins. Nous allons maintenant exposer notre projet de loi, et nous essaierons de
prouver qu'il comble autant que possible la lacune que
nous avons signalée.

DEUXIÈME PARTIE.

───── ⋙◦❦◦⋘ ─────

Commentaire du projet de loi.

Notre projet, par une triple combinaison, fait, avons-nous dit, un triple appel au témoin; il essaie en même temps de le toucher, l'invite à demeurer fidèle à la vérité : 1º par la crainte des peines dont la loi punit le faux témoin; 2º par l'honneur; 3º par les liens d'un serment vraiment religieux. Cette multiplicité d'appels à la véracité du témoin qui, au premier abord, peut paraître surabondante, est pourtant nécessaire, et il ne conviendrait pas d'adopter celle de toutes les mesures préventives ci-dessus qui peut paraître la plus efficace et de rejeter les autres. En effet, les consciences humaines ne se ressemblent pas, elles sont au contraire presque aussi dissemblables que les visages : tel qui demeure insensible à la crainte, dont le cœur s'ouvre au sentiment religieux; tel, au contraire, qui est tout à fait irreligieux, qui est pourtant honnête et véridique, parce qu'il est fidèle aux lois de l'honneur. Aussi, en présence de ces di-

verses modalités, pour être certain de maintenir un témoin dans les voies de la vérité, il faudrait employer
presque autant de modes qu'il y a de ressorts différents,
faisant mouvoir la volonté humaine.

C'est ce que les lois de Manou expriment de la manière suivante :

« Que le juge fasse jurer un Brahmane par sa véra-
« cité; un Kchatriya par ses chevaux, par ses éléphants
« ou ses armes; un Vaïsya, par ses vaches, son grain
« ou son or; un Soûdra, par tous les crimes (1). Le
« juge doit interpeller un Brahmane en lui disant :
« parle. » Un Kchatriya, en lui disant : « déclare la
« vérité. » Un Vaïsya, « en lui représentant le faux té-
« moignage comme aussi coupable qu'un vol de bes-
« tiaux, de grains et d'or. » Un Soûdra, en assimilant le
« faux témoignage à tous les crimes, par les paroles sui-
« vantes : « Depuis ta naissance, tout le bien que tu as
« pu faire, ô honnête homme! sera perdu pour toi et
« passera à des chiens si tu dis autres choses que la
« vérité; nu, chauve, souffrant de la faim, de la soif,
« privé de la vue, le faux témoin mendiera sa nourri-
« ture, avec une tasse brisée, dans la maison de son
« ennemi. Il est comparable à un aveugle qui mange le
« poisson avec les arêtes, l'homme qui vient en justice
« parler de ce qu'il n'a pas vu; il tue cinq de ses pa-
« rents par un témoignage relatif à des bestiaux, dix
« pour des vaches, cent pour des chevaux, mille pour
« des hommes (2). »

---

(1) Manou, §. 113.
(2) Manou, §. 88, 98.

Notre société n'est pas comme la société indienne, une société de castes; il serait impossible d'introduire dans nos lois des formules de serments, graduées suivant le degré d'avancement moral ou intellectuel de catégories de citoyens; cependant, par application du principe des lois de Manou, nous pensons qu'il convient en cette matière d'appuyer tout à la fois sur plusieurs touches du clavier humain; à défaut de l'une, l'autre répondra.

Il est impossible de déterminer d'une manière certaine la mesure de l'action morale de nos diverses mesures préventives; cependant, il semble que l'on puisse raisonnablement leur attribuer sur les témoins les effets suivants :

Le serment religieux agira sur toutes les consciences;

L'appel à l'honneur sera surtout entendu de ceux qui appartiennent aux classes élevées de la société;

Enfin, l'intimidation résultant de la signification des art. 361 et suivants, aura surtout d'utiles effets sur l'esprit des témoins peu éclairés.

Mais entrons plus avant dans l'examen de notre sujet :

ARTICLE 1er.

« Toute copie de citation à témoins, en quelque matière que ce soit, contiendra en tête copie des articles 361, 362, 363, 364 et 365 du Code pénal. L'original de la citation devra contenir la mention de cette signification sous peine d'une amende de 25 à 500 fr. »

Le faux témoignage est comme les autres crimes, il est le produit d'une appréciation insuffisante de la loi morale et souvent de l'ignorance de la loi pénale, qui lui sert de sanction.

Nous avons déjà dit que le témoignage humain s'était ressenti de l'élévation du niveau de la moralité publique. De nos jours, le faux témoin n'est plus aussi souvent vénal; c'est par l'effet d'une complaisance criminelle, d'une sympathie impardonnable, qu'il se décide à tromper la justice. Ainsi c'est dans la générosité de l'homme, dans sa sensibilité que le crime dont nous nous occupons aujourd'hui a sa racine; ce sont des sentiments d'une origine respectable, mais pervertis par l'ignorance, qui servent le plus souvent de mobile au crime dont, au commencement de cette étude, nous avons signalé les funestes conséquences.

Mais approchons-nous davantage des faits. Assistons aux délibérations qui, chez le témoin, précèdent la défaillance, et nous nous rendrons mieux compte de l'effet moral que peut produire sur ses résolutions la signification que nous méditons de lui adresser.

Supposons qu'il s'agisse d'un témoin à entendre dans une matière criminelle : Il appartient à la commune qu'habitait l'accusé, des relations anciennes ou le contact journalier le mettent en rapport avec la famille de ce dernier. De là des tentatives pour engager le témoin à être favorable, à cacher tel fait, à nier telle rencontre, à dénaturer tel propos, à favoriser un alibi, à ne dire qu'une partie de la vérité, à la cacher même toute entière, s'il y a apparence que ce recel absolu de la lumière puisse échapper à la justice. L'intelligence du témoin est sans culture; sa moralité est au niveau de son instruction. Quelqu'amour pour la vérité qu'on lui suppose, les tentatives nombreuses, répétées contre lui

au nom de l'accusé, finissent par l'influencer. Il s'é-
meut au spectacle d'une famille dans l'affliction, à la
vue d'un père ou d'un fils dont le regard ou les larmes
le sollicitent; il hésite, enfin il délibère.

S'il est fidèle à son serment, s'il dit la vérité toute
entière, il recueillera pour prix du devoir accompli la
satisfaction intime « de n'avoir trahi ni les intérêts de
« l'accusé, ni ceux de la société qui l'accuse. » Si au
contraire, par suppression, omission, altération, par
équivoque, il déguise la vérité ou seulement une petite
partie de la vérité, il ramène dans son village un malheureux qui lui est sympathique; il recueille la reconnaissance d'une famille qui l'a peut-être accompagné jusqu'à l'audience.

Des intérêts de l'être moral et abstrait, *société*, dont
le témoin, peu capable de comprendre les abstractions,
se soucie fort peu, ou des intérêts vivants et plaintifs
de l'accusé, quels sont ceux qui l'emporteront dans l'esprit du témoin? Ce sont évidemment les intérêts de
l'accusé.

Eh bien! supposons au contraire, que quelques jours
avant la comparution devant la cour ou le tribunal,
quand les délibérations du témoin durent encore, supposons qu'un huissier apparaisse sur le seuil de sa maison, lui signifie en tête de la citation les articles 361 et
suivants du Code pénal, lui remette ce papier *timbré* qui
émeut toujours celui qui le reçoit.

Qu'arrivera-t-il? Le témoin, à quelque moment que
l'on veuille avant l'audience, lit ou se fait lire par sa
femme, son fils, son voisin, le contenu de sa citation;
et alors, il apprend exactement de quelle peine la loi
punit le faux témoignage. Dans le secret de sa pensée,

il calcule, il suppute celles auxquelles il allait s'exposer; cette signification est comme une lumière qui, jaillissant tout à coup, éclairerait aux yeux d'un voyageur l'abîme placé sur sa route. Le sentiment de la conservation personnelle qui veillait toujours chez le témoin, est tout à coup violemment surexcité, et ce sentiment aura seul dorénavant de la puissance sur ses résolutions.

Maintenant, plaçons si l'on veut, chez le témoin, un autre mobile que la sympathie; supposons que celui-ci se laisse entraîner par cette complaisance sans sympathie, propre aux caractères faibles; et dans cette nouvelle espèce, les effets de notre signification seront encore plus certainement efficaces.

Enfin, imaginons que la résolution de commettre un faux témoignage contre l'accusé ou en sa faveur, ait été inspirée par la haine ou la cupidité : nous nous trouvons alors en face de sentiments personnels, égoïstes, et par conséquent tenaces et plus réfractaires à l'action morale, résultant de notre mesure préventive. Dans cette nouvelle espèce, nous le reconnaissons, le succès sera moins fréquent; mais personne ne peut méconnaître cependant, que l'intimidation de la loi ne doive produire encore quelques effets salutaires, arrêter quelques uns de ces témoins haineux ou cupides. Eh bien! nous n'en demandons pas davantage.

L'article 1er de notre projet est donc, nous l'espérons, justifié par le commentaire qu'on vient de lire, mais il l'est encore par un procédé préventif, similaire, imaginé par l'intérêt privé, procédé que tout le monde connaît, mais qu'il ne sera pas inutile de rappeler ici.

La fabrication des faux billets de banque et autres effets publics, n'est qu'un crime contre les propriétés ; mais ce crime porte de si funestes atteintes au crédit, trouble si profondément la sécurité publique, que le législateur de 1810 avait, avec une cruelle exagération, édicté la peine de mort contre le contrefacteur. Il semble qu'une pénalité si sévère dût suffire pour rassurer les banques. Mais celles-ci ont songé que s'il était bon que le crime des contrefacteurs fût violemment réprimé, il serait meilleur pour elles que ce crime fût autant que possible prévenu. Pour arriver à ce résultat, elles ont imaginé d'insérer dans le corps des billets de banque et en ces termes, la pénalité contenue dans l'article 139 :

La loi punit de mort le contrefacteur (1).

Le moyen était nouveau, ingénieux. Inutile d'insister pour démontrer qu'il était bon, et que des contrefacteurs ont dû, plus d'une fois, renoncer à leur tentative, lorsque, en perpétrant le crime, ils se sont vus appelés à transcrire de leur propre main le texte de la loi qui les menace de la peine capitale.

A la vérité, notre remède préventif est moins énergique que celui imaginé par les banques, puisqu'elles obligent le contrefacteur à copier le texte de la loi pénale, tandis que nous n'obligeons le témoin qu'à le lire. Quoi qu'il en soit, l'analogie entre ces deux mesures

(1) Aux termes de l'art. 139 du C. p., modifié par la loi de 1832, la contrefaçon des billets de banque n'est plus punie que de la peine des travaux forcés à perpétuité.

est incontestable, et en suivant d'aussi près les errements de l'intérêt privé, si ingénieux à se défendre, le
législateur est assuré de sauvegarder les intérêts placés
sous sa protection.

Nous terminerons sur cet article par une observation
générale :

Le but suprème du législateur en matière pénale, ne
doit pas être de punir, mais encore de prévenir les
crimes ; il faut surtout qu'une peine soit juste, il faut en
même temps, s'il est possible, qu'elle soit exemplaire,
de manière que la vue du châtiment réservé au coupable arrête les méchants. A la vérité, les législateurs du
moyen-âge ont peu suivi ce principe de justice morale,
qui est par excellence le principe générateur de nos
lois pénales actuelles ; ils se sont moins appliqués à
faire des lois justes qu'à faire des lois exemplaires. Dans
des temps de violence et d'anarchie, terrifier était le
principe du législateur. Supplicier cruellement, c'était
vulgariser plus surement la connaissance de la loi pénale. Le feu, la roue, la corde, le décollement, la peine
d'être traîné sur une claie, la question ordinaire et ex-
traordinaire, le poing coupé, la lèvre fendue, les oreil-
les coupées, la langue coupée ou percée d'un fer chaud,
le fouet, la flétrissure, l'amende honorable, l'estrapade,
le pilori, le carcan, etc., etc., telles étaient les peines
au moyen-âge ; elles avaient, par leur dureté, par l'ap-
pareil dont on les entourait, par les mutilations qu'elles
entraînaient, été manifestement imaginées, réglées
dans le dessein de frapper de terreur. Mais les législateurs de cette époque, exclusifs dans la poursuite de
leur but, ne surent pas combiner heureusement les caractères d'exemplarité et de justice, et à force de vou-

loir faire des lois exemplaires, ils firent des lois cruelles, quelquefois féroces, presque toujours injustes.

Eh bien! l'intimidation du témoin au moyen de la connaissance de la loi pénale, essayée autrefois par le spectacle des gibets, du supplice de la roue, etc., etc., cette intimidation, disons-nous, le législateur peut, s'il veut, grâce à nos mœurs, à l'instruction répandue dans les masses, la produire aujourd'hui chez le témoin, la veille même du jour de la comparution de ce dernier en justice, c'est-à-dire en temps plus opportun, sans verser de sang, sans révolter le cœur humain par des spectacles démoraliseurs, sans forfaire enfin à la loi de justice morale,.... au moyen de la plume d'un dernier clerc d'huissier, copiant en tête de chaque citation de témoin les articles 361 à 366 du Code pénal. (1)

ARTICLE 2.

En toute matière et dans toute enquête, le magistrat, après l'appel du nom des témoins fait par l'huissier, devra leur donner lecture de l'instruction suivante :

« Témoins, soyez attentifs à ce que vous allez entendre :

« La justice a recours à vous pour s'éclairer ; la solution de la cause dans laquelle vous allez être entendus, dépendra peut-être de la seule déposition de l'un d'entre vous. Réfléchissez bien à la responsabilité qui pèserait

---

(1) Peut-être serait-il convenable pour faciliter aux personnes peu lettrées la lecture des articles de la loi, d'ordonner qu'ils soient imprimés et non copiés à la main.

sur vous si, ayant trompé volontairement le juge, vous faisiez, par sa bouche, condamner l'innocent, absoudre le coupable; appelé comme témoin dans cette enceinte, vous y devenez le coopérateur du magistrat; montrez-vous digne d'être associé à son œuvre de justice, et déposez avec la sincérité, l'impartialité d'un homme d'honneur. »

L'honneur est le second sentiment au moyen duquel nous cherchons à devenir maîtres du témoin et à le maintenir dans la voie de la vérité.

L'honneur est un sentiment trop varié pour être exactement défini; c'est, si l'on veut, dans le cœur du soldat, dans le cœur du magistrat, du savant, du marchand, du bourgeois, de l'ouvrier, une modalité des sentiments qui ont animé le chevalier sans peur et sans reproche.

Celui qui sans souci de la critique, ou de l'approbation d'autrui, fait le bien pour le bien, étant mû par le seul sentiment de ses devoirs envers Dieu, et les hommes, celui-là est un homme vertueux.

Celui qui, peu sensible ou insensible à la moralité de ses actions, n'est guidé que par une avidité excessive pour les louanges, celui-là est un vaniteux.

Enfin, celui qui fait le bien pour recueillir tout à la fois la louange d'autrui et le témoignage de sa propre conscience, celui-là, selon nous, est un homme d'honneur.

L'honneur est l'orgueil d'une vertu ou d'une qualité; c'est l'alliage, dans d'heureuses proportions, d'une vertu avec un vice, mais cet alliage fait les héros.

L'honneur était le ressort de cette brillante chevalerie française, dont le souvenir séduira longtemps les ima-

ginations. Le chevalier jurait de mettre toujours la force
de son bras au service de la justice et du bon droit...

« ...Dans une partie du monde pleine de forteresses et
« de brigands. des paladins toujours armés, dit Mon-
« tesquieu, trouvaient de l'honneur à punir l'injustice,
« à défendre la faiblesse. » Comme on le voit, aussitôt
que le sentiment de justice commence à prévaloir au
sein même de la barbarie, le sentiment de l'honneur
vient se mettre à son service, et, sous la forme d'un chevalier armé de pied en cap, se dévoue à lui fournir
aide et protection. La chevalerie nous offre donc un
premier et heureux exemple de l'alliance entre l'honneur et la justice; eh bien! cette alliance prescrite, notre
projet de loi tente de la renouveler, et l'instruction au
témoin que nous plaçons dans la bouche du magistrat,
n'est, en définitive, autre chose que l'appel de la justice,
invoquant aujourd'hui, comme elle le fit autrefois,
l'aide et l'assistance du vieil honneur français.

L'histoire ne nous enseigne pas seulement qu'il y
ait eu au moyen-âge alliance entre l'honneur et la justice, elle nous montre qu'à une époque antérieure,
l'honneur a été la base et l'unique moyen de l'administration de la justice; nous voulons parler de ces temps
où toute accusation était jugée sur le seul serment de
l'accusé.

La loi des Francs ripuaires et celle de nombreuses
peuplades Germaines, admettaient celui contre lequel
une accusation était formulée, à se justifier en jurant
qu'il n'était pas coupable : « Si le franc juge Westpha-
« lien est accusé, il prendra une épée, la placera de-
« vant lui, mettra dessus deux doigts de la main
« droite et parlera ainsi : Seigneurs, francs comtes

4

« pour le point principal, et pour ce dont vous m'avez
« parlé, et dont l'accusateur me charge, j'en suis in-
« nocent; ainsi me soient en aide Dieu et tous ses
« saincts, puis il prendra un pfenning marqué d'une
« croix et le jettera en preuve aux francs comtes; ensuite
« il tournera le dos et ira son chemin (1).

Les peuples héroïques avaient foi dans la parole de
l'homme; un guerrier ne pouvait mentir, car le mensonge est une faiblesse et une lâcheté (2); l'honneur du
franc chevelu était engagé dans sa parole ou son serment, il mourrait plutôt que de les trahir. A la vérité,
vint le jour où les fortes mœurs s'affaiblirent, où l'accusé, appelé à jurer son innocence, se parjura; c'est
alors que, pour fortifier la valeur du serment de l'accusé,
on exigea celui des *conjuratores*. Vain remède! les lois
deviennent impuissantes, quand elles cessent de trouver
un point d'appui dans les mœurs.

Quoi qu'il en soit, il demeure établi par ce qui précède que le sentiment de l'honneur dont notre article 2
n'entend faire qu'un auxiliaire, a été, à un moment
donné chez nos aieux, la base principale, sinon unique,
de l'administration de la justice. Ajoutons que cette cou-

---

(1) Cette fière justification rappelle celle d'Emilius Scaurus et celle de
Scipion l'Africain. César accusé, dans des vers outrageants que chan-
taient ses soldats, d'avoir eu une amitié trop tendre pour Nicomède, se
fâche de cette imputation infâme et offre de se justifier par serment. —
Diodore XLIII.

(2) Dans la suite, ce mode de purgation s'étend : ainsi que le guerrier,
le prêtre et la femme se purgent par serment. — Dans un concile convo-
qué par Charlemague, le pape Léon se justifie par serment des accusations portées contre lui. — A la demande de Louis-le-Débonnaire, l'im-
pératrice Judith jure publiquement qu'elle est innocente.

tume étrange par laquelle un accusé était appelé à jurer son innocence a continué de figurer longtemps dans notre législation; que dans les temps modernes et malgré l'opposition de M. de Lamoignon, qui arguait, qu'elle plaçait l'accusé dans la nécessité de commettre un parjure en déniant la vérité, ou de devenir un homicide de soi-même en la reconnaissant, elle a été transportée de l'ordonnance de 1539 dans celle de 1670 : tant sont dans une race vivaces et durables les sentiments natifs auxquels elle devra sa grandeur!!

Mais quittons les enseignements historiques et cherchons quelle est dans la société actuelle la valeur du sentiment de l'honneur?

A notre sens, ce sentiment gouverne encore aujourd'hui comme autrefois la société française (1); l'honneur a des lois générales, il a aussi des lois professionnelles ou spéciales à chaque condition : elles ne sont écrites nulle part, elles sont dans le cœur de tous. Cette matière est, comme on le voit, excessivement vaste, nous la signalerons de loin sans vouloir l'aborder; cependant, parmi les lois générales de l'honneur, il en est une que nous devons distinguer des autres, parcequ'elle est pertinente à notre sujet, c'est celle qui flétrit le mensonge.

Aujourd'hui, comme autrefois, celui qui ment commet une lâcheté, il forfait à l'honneur, il se rend coupable

---

(1) Quand le premier consul créa un ordre destiné à récompenser tous les mérites et tous les services, il l'appela *Légion d'honneur,* voulant, dit l'auteur du Consulat et de l'Empire, imprimer l'idée d'une réunion d'hommes voués au culte de l'honneur et à la défense de certains principes (Thiers, vol. 3, page 468.)

d'un manquement à la loi religieuse et d'un manquement
à la loi de l'honneur. Cependant, par un tour remar-
quable de notre esprit, l'empire des lois de l'honneur
est tel au sein des hautes et moyennes classes de la
société française, que celui qui ment est méprisé, non
pour avoir failli à la loi religieuse, mais pour avoir enfreint les lois de l'honneur, suivant lesquelles tout
homme qui se respecte ne doit pas chercher un re-
fuge dans le mensonge, ni tenter d'échapper, par une
fourberie, à la responsabilité de ses actes. En deux mots,
pour nous autres Français, le mensonge est pire qu'un
péché, c'est une lâcheté.

L'homme honorable au XIXᵉ siècle est comme le
guerrier d'autrefois, il ne doit, il ne peut mentir. S'il
rapporte un fait nouveau, étrange, chacun pourra,
dans la mesure des convenances, discuter l'existence de
ce fait ; mais, s'il en affirme sur son honneur la ma-
térialité, chacun alors de s'incliner, et le fait nouveau,
étrange, est tenu pour vrai, parcequ'il a été affirmé
sur l'honneur, par un homme honorable ; enfin, quiconque marquerait qu'il doute encore, se rendrait coupable d'une très grave injure. « Il est des personnes,
« dit Curasson, qui tiennent à l'honneur et dont une
« seule parole serait préférable au serment le plus
« solennel. »

Telles sont les idées, les mœurs de la société
contemporaine, et il faut convenir qu'elles sont tournées heureusement et de la façon la plus propre
à être mise à profit, dans l'intérêt de la justice et
de la vérité. On est incontestablement en droit d'espérer la sincérité de tout témoin faisant partie de ce
peuple, chez lequel, suivant une tradition plusieurs fois

séculaire, le mensonge est considéré comme une lâcheté et un démenti comme une injure suprême. Mais, pour que cette espérance se réalise, il faut que ses législateurs, par un procédé quelconque, tendent ce ressort qu'on appelle l'honneur; c'est pour arriver à ce résultat et faire vibrer la plus noble corde du cœur humain, que l'art. 2 de notre projet transforme en loi positive la loi de l'honneur qui défend le mensonge.

Pour notre part, nous sommes profondément convaincu que le sentiment qui a un si grand empire sur la société française, qui fait le commerçant fidèle à sa signature, le magistrat intègre, qui transforme tout Français à la frontière, en fait un héros devant l'ennemi, nous sommes convaincu, disons-nous, que ce sentiment, si on sait le mettre en œuvre, doit faire des témoins véridiques devant la justice de notre pays.

Pour finir sur cette matière, il conviendrait maintenant d'examiner si l'allocution aux témoins, telle que nous l'avons rédigée, est convenable en la forme; si le langage que nous mettons dans la bouche du magistrat est propre à exciter les sentiments honorables du témoin; à cet égard, nous déclarons faire bon marché de notre rédaction, nous n'estimons pas nous-même, qu'elle soit à la hauteur du sujet; mais, pour notre excuse, il n'est pas donné à tout le monde de composer ces nobles leçons que l'on rencontre dans les art. 312 et 342 du Code d'instruction criminelle ou dans les Capitulaires de Charlemagne (1).

_____

(1) Voici une de ces leçons de Karl-le-Grand, de laquelle s'exhale comme un parfum religieux et qu'il ne serait pas inutile de placer sous les yeux de nos magistrats et de nos jurés : « Qu'un juge ne condamne jamais qui

Art. 3.

« Avant de faire sa déposition, chaque témoin prêtera
séparément serment, suivant la formule suivante qu'il
devra prononcer lui-même, la main droite levée : Devant Dieu qui me voit, qui m'entend et qui me punira
si je trahis mon serment, je jure de dire la vérité toute
entière. »

Cet article contient trois dispositions nouvelles : la
première restitue au serment le caractère religieux; la
seconde déplace la formule du serment, la transporte
de la bouche du magistrat dans celle du témoin, la
troisième transforme en loi une coutume déjà pratiquée dans les cours et tribunaux : elle porte que le témoin prêtera serment la main droite levée.

Examinons successivement le mérite de ces trois in-
novations.

Nous avons vu plus haut que c'est pendant la révolution que le serment, dépouillé dans sa formule du
caractère religieux, est devenu ce que nous le voyons
aujourd'hui, une simple promesse de dire la vérité. Les

« que ce soit, sans être sûr de la justice de son jugement; qu'il ne décide
« jamais de la vie des hommes par des présomptions; qu'il voye la
« preuve claire et après cela qu'il juge : Ce n'est pas celui qui est accusé
« qu'il faut considérer comme coupable, mais celui qui est convaincu. Il
« n'y a rien de si dangereux et de si injuste au monde, que de hasarder
« à juger sur des conjectures. Dans les questions ambiguës, que la sen-
« tence soit réservée au jugement de Dieu (*in ambiguis dei judicio re-*
« *servetur sententia*), et les hommes doivent savoir que quand il ne leur
« a pas donné le parfait éclaircissement d'un crime, c'est qu'il n'a pas
« voulu les en faire juges, et qu'il en a réservé la décision à son tribunal.
« Cap. car. mag. l. 7, chap. 186.

auteurs de ce changement voulurent mettre en application les idées philosophiques dont le siècle qui s'achevait avait été rempli; et c'est ainsi que le Français se trouva comme Kchatriya, appelé à jurer par sa véracité. Quoique ce système soit contraire à la tradition humaine, nous devons confesser que ces législateurs avaient pour eux l'autorité du Christ lui-même, qui nous a enseigné ce qui suit : *Que votre parole soit oui, oui; non, non* (1). ·

Assurément, il serait désirable que les hommes fussent assez véridiques pour qu'appelés à déposer devant la justice, il fut possible de les affranchir absolument des liens d'un serment. Malheureusement il n'en peut être ainsi, notre société étant encore trop éloignée du degré de perfection que suppose chez un peuple une législation qui serait calquée sur la loi enseignée par le Christ.

Dans l'ordre religieux, le Christ qui disposait sa loi pour des générations à venir, a pu assigner à l'humanité un but très-éloigné, qu'elle sera encore longtemps incapable d'atteindre; il a pu, et c'est le propre de toute loi religieuse, contredire absolument les mœurs : mais un législateur humain ne saurait, sans le plus grand danger, se mettre en opposition avec les mœurs

---

(1) Vous avez entendu qu'il a été dit aux anciens : Tu ne parjureras pas, mais tu t'acquitteras envers le Seigneur de ce que tu auras promis avec serment; et moi je vous dis : Ne jurez pas du tout, ni par le ciel, car c'est le trône de Dieu, ni par la terre, car c'est son marche-pied, ni par Jérusalem, car c'est la ville du Grand Roi. Ne jure pas non plus par ta tête, car tu ne peux faire devenir un seul cheveu noir ou blanc, mais que votre parole soit oui, oui, non, non; ce qu'on dit de plus vient du malin Saint Mathieu, chap. 5, versets 33 et ss'.

de son pays, car pour qu'une loi, si parfaite qu'on la suppose, soit respectée, il faut qu'elle soit, dans un certain rapport nécessaire avec les mœurs du peuple justiciable, qu'elle ait été mesurée à son tempérament; c'est ce que les anciens exprimaient en ces mots : *nihil leges sine moribus.*

Ceci étant posé, recherchons quelles sont les mœurs de l'humanité dans la pratique du serment, et nous allons voir établi ce fait caractéristique que chez tous les peuples, celui qui s'engage par serment, *jure par quelque chose, par une chose à laquelle il attache un grand prix, qu'il tient pour respectable ou sacrée.* Nous allons voir que pas un peuple n'a connu la formule employée de nos jours, qui a été composée comme si le peuple français était un peuple de philosophes; qu'enfin il est conforme au tempérament humain, que la formule du serment soit religieuse.

Dans la Bible, Abraham s'engage envers le roi Abimelec en jurant sur sept brebis. Plus loin : « Et Abra-
« ham dit au plus ancien des serviteurs de sa maison,
« qui avait le gouvernement de tout ce qui lui apparte-
« nait : Mets, je te prie, ta main sous ma cuisse et je te
« ferai jurer par l'Eternel, le Dieu des cieux et le Dieu
« de la terre, que tu ne prendras de femme pour mon
« fils d'entre les filles des Chananéens parmi lesquels
« j'habite…, et le serviteur mit la main sous la cuisse
« d'Abraham son seigneur, et lui jura suivant ces
« choses-là (1). »

Suivant la fable, les Dieux juraient par le Styx; les

<hr/>

(1) Genèse, chap. xxiv, versets 2 et suivants.

rois grecs juraient par leur sceptre. Dans l'*Iliade*, Achille,
s'adressant à Agamemnon qui lui a enlevé Briséis, s'écrie :
« Misérable ivrogne, toi qui as tout à la fois les yeux
« insolents d'un chien et le cœur d'une biche, je jure
« par ce sceptre qui ne poussera plus désormais ni ra-
« meau ni feuillage, par ce sceptre qui ne reverdira plus
« depuis que, coupé du tronc qui le porta sur les mon-
« tagnes, il a été dépouillé par le fer de ses feuilles et
« de son écorce, je jure que tu te rongeras le cœur
« pour avoir outragé en moi le plus intrépide des Grecs. »

A Athènes, les témoins prêtaient serment sur l'autel
de Minerve. Les Scythes juraient par le vent et le glaive.

Chez les Romains, ceux qui devaient jurer par Jupiter
tenaient un caillou et prononçaient ces paroles : « Si je
« trompe à mon escient, que Jupiter, protégeant la ville
« et la citadelle, me chasse de ma demeure et de mes
« biens, comme ma main chasse cette pierre (1). — Celui
« des peuples qui, par dol ou fraude, aura enfreint cet
« accord public, ô Jupiter, ce jour-là même frappe ce
« peuple comme je vais frapper ce porc, et frappe d'au-
« tant plus que ta puissance est plus grande ; en disant
« ces mots il frappe le porc d'une pierre (2). »

Au temps de Jésus-Christ, les Juifs, suivant saint
Mathieu, juraient par le temple, par l'or du temple, par
l'autel, par le don placé sur l'autel (3).

Les anciens Germains juraient par les eaux, les fon-
taines, les rivières, par les montagnes, les roches et les
pierres sacrées, par le marteau de pierre ou la massue

(1) *Festus :* — *Verbo Lapidem.*
(2) *Tite-Live* — 1—24.
(3) Saint Mathieu, chap. XXIII, versets 16 et ss.

du dieu tonnerre. « Glasgerion fait un serment solennel
« par le chêne, la cendre et l'épine (1). »

Les Scandinaves juraient par l'épée, ou bien saisis-
saient un anneau rougi du sang des victimes et consa-
cré au dieu Ullr. « Et lorsque suivant l'usage l'épée eût
« été apportée pour que chacun d'eux, mettant dessus
« le pouce, confirmât la promesse du mariage. »

Au temps de César, les Gaulois juraient sur les enseignes militaires. « De peur d'attirer l'attention des
« espions étrangers, il fut convenu que les cités conju-
« rées prêteraient, sur les enseignes militaires, serment
« de fidélité à la ligue de délivrance. Un tel serment
« était chez ce peuple le lien le plus inviolable, le gage
« le plus solennel de tout pacte politique (2). »

On trouve dans la Novelle 8 de Justinien *in fine* la
formule suivante :

« Je jure, par le Dieu tout-puissant, par son fils unique
Notre Seigneur Jésus-Christ, par le Saint-Esprit, par
Sainte-Marie, glorieuse mère de Dieu et toujours vierge,
par les quatre Evangiles que je tiens dans mes mains, par
les saints Archanges Michel et Gabriel, etc., etc. Si je
n'observe point ceci, je recevrai ma punition dans ce
monde et dans ce siècle futur, lors du terrible jugement
de Dieu, notre grand maître, et de notre Sauveur Jésus-
Christ ; j'aurai ma part dans la peine dont Juda a été
frappé, la lèpre avec Giezi, les épouvantes de Caïn (*et
habeam partem cum Juda et lepra Giezi et tremore Caïn*);
enfin et de plus, je serai soumis à toutes les autres peines
édictées par la loi religieuse. »

(1) Percy III, p. 47.
(2) *Cæsar bell. gall.*, l. XII, ch. 2.

Les Lombards juraient, pour les choses de peu d'importance, sur les armes; quand l'affaire était grave, sur les Evangiles; suivant la loi des Alamans, il était permis à la femme de jurer par son sein, touchant la quotité du don du matin (1). « Qu'une femme retienne le don du « matin par un simple serment sur ses deux mamelles, « ses deux tresses, —formule frisonne de réconciliation : « Nous jurons d'être fidèles à ce serment devant morts « et vivants, devant tout homme né et à naître, et « cela tant que le chêne est debout dans les champs, « tant que sur terre l'eau s'en va coulant. »

Le serment par la barbe ou en touchant la barbe ne se trouve par dans les lois, mais souvent dans les poëmes carlovingiens : « Par la moie barbe qui n'est mie meslée; « par cette moie barbe qui pend au menton; par cette « moie barbe dont noir sont li flocon; par ma barbe « florie; par cette moie barbe de blanc entremellée. »

On disait encore : Par le menton de mon père ou par l'âme de mon père! par les iaux de ma teste (2)!

Dans le Nord un serment prêté sur le sanglier était inviolable.

On jurait, au moyen-âge, sur le faisan, le paon, le héron. On lit dans les canons du ive concile d'Orléans : « Le roi lui-même ou le plus renommé des chevaliers « ayant découpé le paon, se leva, et mettant la main « sur l'oiseau, fit un vœu hardi; ensuite il posa le plat « et chacun de ceux qui le reçurent fit un vœu sem- « blable. »

---

(1) Don du matin, c'est-à-dire Donation entre époux que les coutumes germaniques avaient essayé de modérer. Droit d'Augsbourg.

(2) Michelet, origine du droit français.

Edouard Ier d'Angleterre jura sur deux cygnes; on jurait encore ou moyen-âge sur la croix, sur des reliques, sur l'Evangile. Jurer sur livre et sur cloche (By Book Aud Bell). Quelquefois on touchait l'autel ou le tombeau d'un saint, la porte de l'église ou l'anneau de la porte. En Norwége, lorsqu'une femme était accusée d'avoir diverti des fonds, elle se purgeait par le serment sur le perron (1).

Suivant la coutume du Beauvoisis, la formule du serment prêté par le témoin était comme suit : « Vous « jurés, si Dies vous ait et tous ses saincts et toutes les « sainctes du paradis et les sainctes paroles qui sont en « che livre et tout le pooir que Dieu a eu chiel et en « terre, que vous dirés la vérité, de che convos deman- « dera en se querèle, pour lequel vous êtes atrait en té- « moignage, selon che que vous savés et sans men- « chonche; ajoutez que vous n'en mentirés par amor, ni « hayne, par loier, ne par promesse que vous aiés eu, « ne que vous atendiés à avoir, ne par paour, ne por « cremeur de nului (crainte d'aucun). Tout ainsi comme « vous l'avés dit, le jurons noz (2). »

Enfin, de nos jours, aux termes des art. 18 et 27 du concordat, les évêques prêtent le serment autrefois en usage et conçu de la manière suivante : Je jure et promets à Dieu, sur les saints Evangiles, de garder obéissance au gouvernement établi.

Il est impossible de ne pas être frappé de l'universalité du même sentiment chez tous les peuples, de ce

---

(1) Michelet, origine du droit Français.
(2) Coutume du Beauvoisis, ch. xl.

chœur universel de toutes les législations. Si nous ne craignions de fatiguer le lecteur par des citations , nous pourrions multiplier ces exemples de formules de serment; ceux qui précèdent, empruntés à tous les âges, à tous les peuples, suffiront pour justifier notre proposition à savoir : qu'il a toujours été dans les mœurs de l'homme *de jurer par quelque chose*, soit qu'il ait pris la divinité à témoin, soit que dans les temps grossiers, sous l'empire de préjugés, il ait juré par des choses appartenant au monde extérieur.

L'homme de nos jours n'est pas autre que l'homme des siècles passés; la constitution psycologique n'est pas changée, ses instincts moraux sont les mêmes, et aujourd'hui comme autrefois, quiconque veut lier une personne par serment, doit en général la faire jurer par quelque chose (1).

_____

(1) En 1855, nous arrivions à Bône en qualité de juge de paix ; peu de jours après notre entrée en fonctions, deux Maltais se présentent devant notre tribunal, divisés dans l'affaire suivante : Le demandeur réclamait la restitution d'une somme d'argent qu'il avait confiée, disait-il, à titre de dépôt. Ne pouvant produire ni titre ni témoignage, il défère le serment décisoire à son adversaire. Celui-ci, empressé de répondre à l'appel fait à la sincérité, lève déjà la main, quand un vieil Italien qui, remplissant les fonctions d'interprète près la justice de paix , me dit tout bas à l'oreille : Prenez garde, M. le juge, cet homme va peut-être jurer contrairement à la vérité et pourtant avec la plus parfaite sécurité de conscience, car pour que les Maltais se regardent obligés par serment, il faut que leur serment ait été prêté la main droite posée sur l'image du Christ, c'est au moyen de cette formalité substantielle que leur conscience est seulement engagée ; cela est si vrai qu'ils ont inventé une plaisanterie à l'endroit de la formule de serment suivie devant les tribunaux français : Jurer la main droite levée, ils appellent cela jurer *au plafond.* Je fis, comme on le pense bien, mon profit de cette communication; j'envoyai chercher sur le champ un crucifix. Quand le défendeur se vit appelé à jurer suivant un mode qu'il tenait en vénération, il refusa ; toutefois, pour se donner une contenance,

Quelle sera maintenant, dans la nouvelle formule, la chose respectable, sacrée, par laquelle la partie jurera? quel sera le témoin du serment? si ce n'est le juge suprême de l'humanité, celui qui lit au fond de toutes les consciences et celui qui est vraiment le punisseur du parjure (1)!

Mais, dira-t-on, la formule philosophique que vous remplacez, était de telle nature qu'elle pouvait convenir aux personnes de toute opinion religieuse, et même à celles qui n'en avaient aucune; tandis que vous êtes exposé, au moyen de la nouvelle, à blesser quelques convictions. Nous répondrons que, dans leur variété, toutes les religions admettent l'existence d'un Dieu. De quelle conviction voudrait-on alors parler? Nous ne voyons guère que celle d'un athée. On blessera les convictions d'un athée! Tant mieux; s'il se présente quelqu'athée devant la justice, il est désirable qu'elle le connaisse, qu'elle distingue d'entre tous le témoin qui ne croirait pas en un Dieu, et nous crions de toutes nos forces aux magistrats devant lesquels il se présenterait: Prenez garde, n'ajoutez pas foi à la déposition de ce témoin, qui se dit offusqué par la formule religieuse du serment, pour le prétexte qu'il est athée : ne croyez pas en ce témoin qui ose contredire le splendide et magnifique té-

Il référa le serment au demandeur qui, la main posée sur le crucifix, jura sans hésitation que sa demande était légitime. Ce succès me décida à avoir recours à la même formalité toutes les fois que j'eus à réclamer un serment d'un Maltais ou d'un Italien. Cependant, ainsi que le fait observer Curasson, c'est à la loi seule qu'il appartient d'entourer le serment d'expressions solennelles et religieuses ou de formalités propres à impressionner la conscience des témoins ou de la partie.

(1) Voir Toullier, du serment n° 347 ; Curasson, idem n° 116.

moignage que la création porte en faveur de l'existence de son créateur, ne le croyez pas,... c'est un menteur,... il a déjà menti!...

Pour compléter le retour aux traditions d'autrefois, nous voudrions enfin qu'une circulaire de Son Excellence le garde des sceaux, enjoignît de rétablir l'image du Christ dans les prétoires des cours et tribunaux.

La personnalité du Christ a un double caractère qui justifie le rétablissement de ses images dans les prétoires où les hommes essayent de rendre la justice. Pour les chrétiens, il est Dieu, la source de toute vérité, le juge suprême, le juge des juges, le consolateur de l'innocence; pour tous les hommes, à quelque communion religieuse qu'ils appartiennnent, il est la plus pure, la plus grande de toutes les victimes judiciaires.

Quelle leçon pour un juge dans le supplice du Christ! Comment a-t-on pu oublier à quel point il est nécessaire qu'elle soit placée sous les yeux des magistrats et que la plus grande iniquité judiciaire leur soit éternellement rappelée!!!

Arrivons à la seconde innovation contenue dans notre article 3, innovation qui déplace la formule du serment, la transporte de la bouche du magistrat dans celle du témoin... Peu de mots suffiront à la justifier.

Nous avons déjà fait remarquer que, suivant le système actuellement en vigueur, le serment prêté par le témoin consiste en trois mots; le magistrat prononce la formule du serment : « Vous jurez de dire la vérité? « le témoin répond : Je le jure. » Il saute aux yeux que, suivant ce mode de prestation en forme de dialogue, c'est le personnage principal qui a le rôle le plus secondaire; que la formule du serment, qu'on devrait rencontrer dans la bouche de celui qui le prête, se trouve placée, par un étrange renversement, dans la bouche de celui devant lequel il est prêté. Notons encore que dans sa réplique, composée de trois mots, le témoin ne se sert pas du mot propre, d'un mot ayant un sens, une signification; c'est avec un pronom (*pro nomine,*) (je *le* jure), qu'il confirme le langage sorti de la bouche du magistrat.

La distinction que nous venons d'établir pourrait peut-être, dans d'autres matières, être justement accusée de subtilité; mais quand il s'agit de faire des lois, de composer d'une manière solide ce nœud de la conscience qu'on appelle le serment, le législateur doit tenir compte de toutes les nuances, s'appliquer à éviter toute équivoque, tout contre sens (1).

Suivant la plupart des exemples que nous avons cités plus haut, la formule du serment a généralement été placée dans la bouche de celui qui s'engageait; il n'a été dérogé à cette méthode rationnelle, pour suivre celle qui est actuellement en pratique, que lorsque la formule adoptée étant de quelque étendue, il est devenu trop difficile de la conserver dans la bouche du témoin; celle qui figure dans notre projet de loi, ayant peu de développements, rien ne s'oppose à ce qu'on revienne aux anciens errements, c'est-à-dire à ce qu'on fasse tout simplement, tout naturellement, prononcer la formule du serment... par celui qui le prête.

Il n'est douteux pour personne que, suivant cette der-

---

(1) Il n'est pas bon, dit Toullier, de laisser lieu à l'interprétation du serment. Serment n° 347.

nière méthode, le témoin ne doive être davantage impressionné par le caractère religieux de son serment, qu'il ne doive mieux sentir aussi l'importance de l'engagement qu'il contracte envers Dieu et la justice humaine.

La troisième disposition de notre article a pour objet de transformer en loi une coutume universellement pratiquée déjà devant les cours et tribunaux ; elle porte que le témoin prêtera serment *la main droite levée*.

Les articles du Code de procédure (1), ainsi que ceux d'instruction criminelle (2) qui règlent les formes du serment, gardent le silence sur le geste qui, dans nos habitudes, en accompagne d'ordinaire la prestation.

Nous avons pensé qu'il était opportun de donner dans une loi nouvelle une consécration légale à cette formalité, de transformer la coutume en loi, afin d'en assurer davantage l'observation.

Mais, dira-t-on, où est l'intérêt ? Qu'importe qu'un témoin prête serment avec ou sans la circonstance *de la main droite levée*. Il est dans nos habitudes, à la vérité, que le serment soit accompagné d'un geste ; mais supposant qu'à l'avenir les témoins, dans la pratique, cessent d'être invités à lever la main, la valeur de leur serment en sera-t-elle diminuée ?

Nous n'en savons rien....

Mais ce qui est certain, c'est que suivant la tradition humaine le geste fait partie du serment ; en effet :
« en s'engageant, le serviteur d'Abraham met la main

(1) 35 et 262.
(2) 75, 155, 189, 317.

sous la cuisse de son maître (1). Chez les Romains, ceux qui juraient par Jupiter tenaient un caillou à la main. Le Scandinave jurait en saisissant un anneau rougi par le sang des victimes; les Frisons en se touchant les cheveux; les femmes des Alamans en saisissant leurs tresses ou leurs deux mamelles; le vassal, pour jurer fidélité, se mettait à genoux devant son suzerain, joignait les mains que celui-ci serrait avec les siennes. On jurait en touchant de la main les Évangiles, la porte de l'église, l'anneau de la porte, les cloches, etc., etc. (2). »

Si étrange que paraisse cette tradition, il suffira pourtant d'un mot pour l'expliquer; l'homme n'est pas un pur esprit, il a une âme et un corps unis par la plus intime et la plus étroite de toutes les solidarités. Aussi, quand la conscience s'engage par serment, le corps éprouve-t-il instinctivement, comme un besoin, de faire de son côté, un acte, un geste, une manifestation par lesquels il adhère à la promesse faite par l'âme.

Pour ne citer qu'un exemple analogue, quand l'âme se met en prière devant Dieu, le corps se met à genoux. Le geste fait partie du serment, comme l'attitude suppliante fait partie de la prière.

ARTICLE 4.

« Les dispositions des articles 361, 362, 363, 564,

---

(1) C'est le serment par la virilité de l'homme. L'analogie qui existe entre *testiculus et testis* semble indiquer que chez les premiers Romains, le serment par la virilité était également en usage.

(2) Voir plus haut les formules de serment employées autrefois.

365, du Code pénal, l'avertissement donné au témoin, suivant l'art. 2, la formule du serment seront affichés en caractères gros et lisibles dans la chambre des témoins. »

Les motifs de cet article sont faciles à saisir. Ce sont ceux qui ont dicté au législateur, la disposition par laquelle il a prescrit d'afficher en gros caractères, dans le lieu le plus apparent de la salle consacrée aux délibérations du jury, l'instruction contenue en l'art. 342 du Code d'instruction criminelle.

Notre but est de placer, une fois de plus, sous les yeux du témoin, les peines dont la loi punit le faux témoignage, le serment religieux qui doit le lier, etc., etc., et on comprend, sans qu'il soit besoin d'autres explications, l'utilité de cette mesure.

ARTICLE 5.

« Avant de recevoir un serment décisoire ou d'office, le juge devra, préalablement, donner lecture à la partie des art. 366, 34 et 35 du Code pénal; l'acte, constatant la prestation de serment, contiendra mention de l'accomplissement de cette formalité. »

ARTICLE 6.

« Tout serment décisoire ou d'office sera prêté dans la forme suivante : Devant Dieu qui me voit, qui m'entend et qui me punira, si je trahis mon serment, je jure que...

Ces deux articles constituent, suivant l'économie de notre projet, le remède préventif contre le faux serment en matière civile.

Nous n'essaierons pas de faire valoir la place que le serment décisoire ou d'office occupe parmi les preuves, ni l'intérêt que le législateur doit attacher à voir ce mode de preuve, unique base d'un si grand nombre de décisions judiciaires, expurgé de toute corruption. Ces aspects ont déjà été mis en lumière dans les premières pages de ce travail; il n'est pas, d'ailleurs, un jurisconsulte qui ne se soit plaint du peu de garantie que présente la foi du serment et qui n'ait ainsi, depuis longtemps, mis au-dessous de toute contestation la nécessité d'une amélioration en cette matière.

Ceci posé, il ne nous reste qu'à examiner si notre innovation est propre à atteindre le but proposé.

La peine de la dégradation civique, édictée contre l'auteur d'un faux serment en matière civile, appartient à la catégorie des peines infamantes. Suivant le dessein du législateur de 1810, c'est dans son honneur seulement qu'elle devait atteindre et frapper le coupable; cependant elle peut être aujourd'hui aggravée d'un emprisonnement accessoire. Les motifs de cette nouvelle disposition ont été expliqués par un rapporteur de la loi de 1832, dans les termes suivants : « Cet emprisonnement facultatif a pour objet d'atteindre les coupables « trop peu punis par les incapacités. La dégradation et « l'exclusion de tous emplois publics sont une peine « très grave dans certaines positions; mais ce n'est « qu'une peine nominale dans des situations moins élevées. L'emprisonnement accessoire frappera ceux « que la peine principale de la dégradation civique « n'aurait pas frappés. »

Suivant la distinction faite par le législateur, nous dirons à notre tour :

L'intimidation résultant de la connaissance de l'art. 35, qui prononce un emprisonnement facultatif contre les auteurs d'un faux serment en matière civile, aura d'utiles effets sur les parties de la condition vulgaire.

La lecture, par le juge, de l'art. 35, lequel dégrade de tous ses droits et priviléges de citoyen, le coupable de faux serment, impressionnera surtout les parties appartenant aux classes élevées, sensibles dans leur honneur, plus frappées du caractère infamant de la peine que de son caractère afflictif.

Comme on le voit, nos procédés préventifs contre le faux serment en matière civile sont identiquement les mêmes que ceux dont nous avons fait usage précédemment contre le faux témoignage; ils consistent dans un appel à la sincérité de la partie, par la crainte, par l'honneur.

Enfin, notre article 6, en imposant un serment religieux au justiciable appelé à jurer son droit, comble une lacune signalée depuis longtemps par les meilleurs esprits.

Nous avons fini de commenter les motifs qui servent de base à notre projet de loi; dans l'exposé qui précède, nous pensons avoir déjà fourni, par avance, la matière des réponses propres à combattre toute objection sérieuse contre notre système. Quoi qu'il en soit, pour l'affranchir de toute contestation, examinons le reproche le plus grave apparemment, parmi ceux que nous avons pu prévoir.

Mais, dira-t-on, l'allocution au témoin qui devra être répétée dans chaque enquête, l'obligation et la difficulté

de faire prononcer la formule du serment par des témoins illettrés, emporteront beaucoup de temps et la
prompte expédition des causes, qui n'est pas non plus
d'un médiocre intérêt, souffrira du perfectionnement
que vous aurez introduit.

Nous répondrons par l'apologue suivant :

Un savant, un de ces savants dont le travail recule
tous les jours les limites de l'inconnu, étudie la gros-
seur, la marche d'une nouvelle planète. Avec un travail
long, fatigant, il y a cent pour cent à parier que ses calculs seront exacts ; avec un travail prompt et hâtif, il sait,
au contraire, qu'il n'y a plus que cinquante pour cent
à parier qu'il atteindra la vérité. Que fait pourtant notre
savant? il prend le second parti, il se décide pour le
travail trop hâtif et il livre ses résultats au public,
sachant qu'il y a cinquante pour cent à parier qu'ils
sont faux!!!

Ce savant est un insensé, diriez-vous. Nous ajoute-
rons : Le magistrat qui l'imiterait serait un insensé et un
criminel.

Enfin, à ceux qui continueraient de mettre la prompte
expédition des causes au-dessus des intérêts de justice
et de vérité, nous dirons encore : Il est bon que la justice soit prompte, il est meilleur qu'elle soit juste, car dans
cette matière comme dans l'art de faire des sonnets,

.... Le temps ne fait rien à l'affaire (1).

_____

(1) Le Misanthrope, acte 1er, scène 2.

Finissons : l'homme est plein d'incertitude et de faiblesse; sa raison, ses sens le trompent tour à tour; ses sentiments, même les plus purs, l'égarent, et pourtant, tel qu'il est, ce jouet de la contradiction s'est vu obligé d'élever des tribunaux, du haut desquels il distribue la justice-vérité, quoi qu'il sache parfaitement qu'il ne la possède jamais toute entière. Les nécessités sociales expliquent, mais ne suffisent pas à justifier cette témérité de l'homme; pour se faire pardonner son audacieuse tentative, il faut que toutes les forces de son esprit soient incessamment tendues à la poursuite du juste, à la recherche des voies qui mènent le plus sûrement à la vérité; il faut, enfin, que l'oreille du législateur s'ouvre à toutes les voix qui partent de la foule, même aux plus faibles, quand, comme la nôtre, elles lui signalent un écueil, et, en même temps, une route moins périlleuse.

TABLE.

Beauvais. — Imprimerie d'Ach. Desjardins.

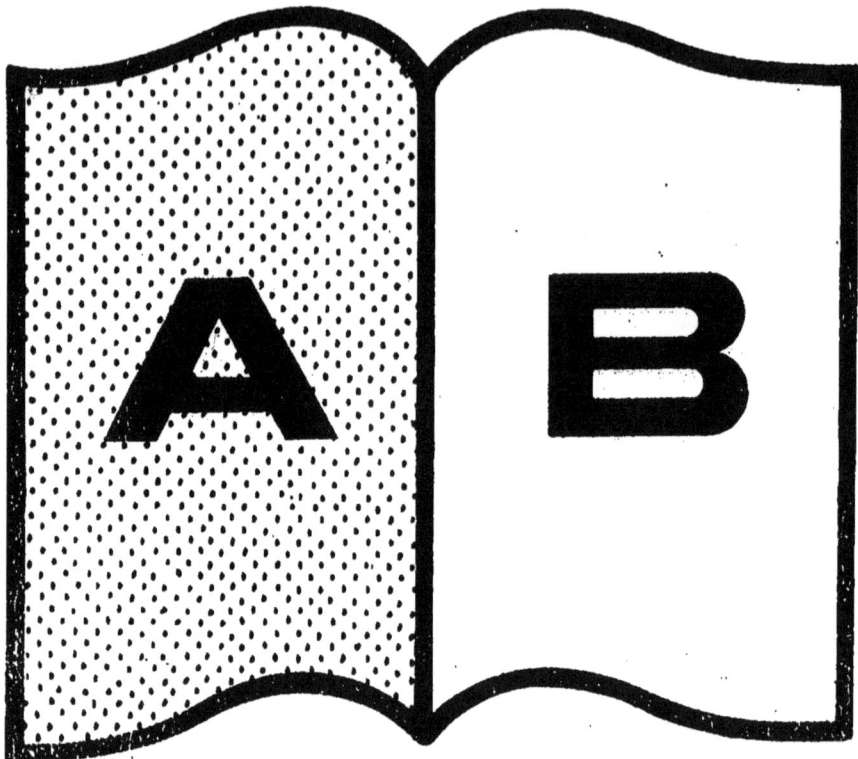

Contraste insuffisant

NF Z 43-120-14

www.ingramcontent.com/pod-product-compliance
Lightning Source LLC
Chambersburg PA
CBHW071249200326
41521CB00009B/1695